Paul Suer

Wenn Kinder Angst haben

Wie Eltern Sicherheit und Vertrauen geben können Wege und Methoden zur Angstbewältigung

SÜDWEST

Inhalt

Angst verstehen spendet Trost und baut Vertrauen auf.

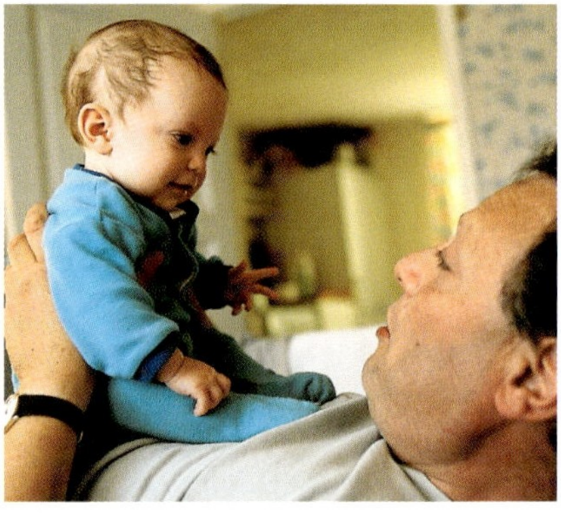

Nähe und Zi… wendung sin… die Basis für … gute Beziehu…

Trauer und Trennungsschmerz werden von Angstgefühlen begleitet.

Verständnisvolle Gespräche machen Mut und stärken das Selbstvertrauen.

Vorwort

Kinderängste haben viele Gesichter. Was für uns Erwachsene selbstverständlich ist, müssen Kinder erst richtig einschätzen lernen. So fürchten sie sich vor ungewohnten Dingen und neuen Erfahrungen.

»Wenn mich eine Biene sticht, muss ich dann sterben?« – »Können Geister durch Wände gehen?« So oder ähnlich hören sich die phantasievollen Botschaften unserer Kinder an, wenn sie uns mitteilen wollen, dass sie sich vor etwas fürchten. Besonders am Abend beginnen viele Kinder, in abenteuerlichen Phantasien den Tag zu verarbeiten. Als Erwachsene neigen wir dazu, diese Ängste nicht so ganz ernst zu nehmen. Nach einem anstrengenden Tag sind wir meistens froh, wenn die Kleinen endlich im Bett sind – ausgerechnet dann beginnen sie, uns etwas über gefährliche Monster, Spinnen oder Außerirdische zu erzählen.

Kinder meinen es ernst, wenn sie uns über Bedrohungen berichten, vor denen sie sich fürchten. In ihrer überschäumenden Phantasie sind ihre Ängste wirklich und verdienen unsere volle Aufmerksamkeit. Indem sie ihre Angst mitteilen, geben sie uns zu verstehen, dass sie die Erlebnisse eines aufregenden Tages noch nicht verarbeitet haben und Antworten auf viele unbeantwortete Fragen suchen.

Ein Zeichen von Vertrauen

Im Grunde sollten wir unseren Kindern dankbar sein, wenn sie von ihren Ängsten berichten. Sie geben uns damit wertvolle Hinweise, wie wir sie vor realen Gefahren und Bedrohungen schützen können. Wenn Kinder in stummer Angst verharren, fühlen sie sich manchmal allein gelassen und verlieren das Vertrauen zu den Eltern. Deshalb brauchen sie von uns Eltern quasi die Erlaubnis, Angst haben und sie zeigen zu dürfen.

Angst und Furcht sind tief in der menschlichen Natur verwurzelte Gefühle, die uns vor Gefahren schützen und vor Fehlentscheidungen bewahren helfen. Wir Eltern sind gefordert, damit die Kinder zwischen tatsächlichen Bedrohungen und ängstlichen Reaktionen auf eigentlich harmlose Ereignisse unterscheiden lernen. Denn Kinder bis etwa zum Schulalter können noch nicht klar zwischen wirklichen Ereignissen und Phantasiegebilden trennen.

Angst ist allgegenwärtig

In einer Zeit zahlreicher äußerer Bedrohungen ist die Angst Teil unseres Alltags geworden. Kaum den eigenen Angstphantasien entwachsen, sind die etwas älteren Kinder zahlreichen Angst auslösenden Einflüssen ausgeliefert, die sie auf ihrem Weg zum Erwachsensein bedrohen. Gerade sie bedürfen besonderer Unterstützung, um sich selbstbewusst in einer immer komplizierter werdenden Welt zurechtzufinden. Doch Kinder unserer Zeit brauchen Inseln der Ruhe, damit sie sich zu eigenständigen Persönlichkeiten entfalten können. Das größte Hilfe dabei ist die Erfahrung von Sicherheit, die wir ihnen durch unser Vorbild vermitteln können. In diesem Sinne versteht sich dieses Buch auch als eine Botschaft an die Eltern.

Indem wir unsere eigenen Ängste wahrnehmen und bestehen, finden wir ausreichend Zuversicht und Sicherheit, um unsere Kinder auf dem Weg zum Erwachsenwerden zuverlässig zu begleiten.

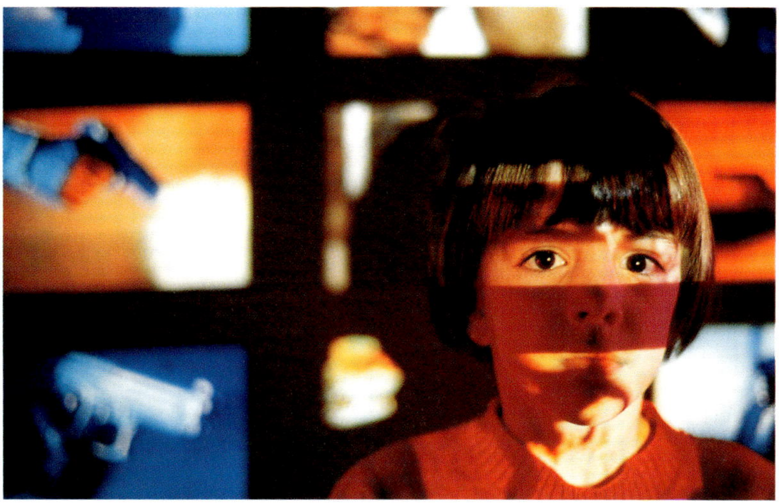

Nicht nur das Fernsehen übt einen starken Einfluss aus. Auch viele Alltagserlebnisse rufen bei Kindern Ängste hervor.

Eine Möglichkeit, das Fürchten zu lernen, ist ein Besuch in der Geisterbahn.

Das Phänomen Angst

Gefahren und Unsicherheiten

Wohl kaum ein Gefühl beunruhigt uns mehr als die Angst. Wenn wir reisen, fürchten wir uns davor, dass das Flugzeug abstürzt oder dass der Bus verunglückt. Wenn wir zu Hause sind, fürchten wir uns vor Einbrechern oder einem Brand. Wenn wir eine neue Arbeit anfangen, ängstigen wir uns vielleicht vor dem neuen Chef oder den unbekannten Kolleginnen und Kollegen. Wenn wir zu einer Behörde gehen, graut es uns vor dem abweisenden Sachbearbeiter. Und wenn wir eine Rede auf einer Hochzeitsfeier halten müssen, schlottern uns schon Wochen vorher die Knie, weil wir befürchten, im entscheidenden Augenblick kein Wort herauszubekommen. Doch selbst wenn alles in Ordnung scheint und keine Rede bevorsteht und das Haus so gut abgesichert ist, dass keine Maus mehr hereinkommt, fürchten wir uns immer noch.

Was passieren könnte

Vielleicht sind unsere Kinder gerade unterwegs zu Freunden. Sie könnten verunglücken, einem Sexualstraftäter in die Hände fallen oder entführt werden. Oder vielleicht stürzt ein Raketenteil geradewegs auf das Haus zu, oder ein Atomreaktor explodiert und verstrahlt die gesamte Region. Außerdem besteht noch die Gefahr, sich mit dem AIDS-Virus zu infizieren, an einem Zeckenbiss zu erkranken oder qualvoll an den Folgen der Rinderseuche zu sterben, von der Gefahr, Krebs zu bekommen oder an einem unbekannten Virus zu erkranken, den man sich in einem exotischen Urlaubsland während der wohlverdienten Ferien geholt hat, ganz zu schweigen. Fürwahr keine schönen Aussichten.

Ein angstfreies Leben gibt es nicht; das wäre alles andere als normal und Anlass zu größerer Besorgnis, als wenn die Angst manchmal übergroß wird.

Angst als ständiger Begleiter

Wie Sie sehen, sind die Quellen der Angst beinahe unerschöpflich. Ihre Formen sind so vielfältig, dass wir glauben könnten, alle menschlichen Verhaltensweisen seien von ihr bestimmt. Und in der Tat können sie sich verselbstständigen. Doch abgesehen von solchen – neurotisch genannten – Ängsten können uns auch Alltagsängste erheblich einengen. Die Art und Weise, wie wir mit Angst umgehen, kann sehr unterschiedlich sein. Manchmal vermeiden wir angstbesetzte Situationen. Manchmal verstecken wir unsere Angst oder reden sie uns aus. Manchmal betäuben wir sie durch Medikamente oder durch Alkohol. Wie auch immer: Die Angst scheint unlösbar mit unserem modernen Lebensalltag verbunden zu sein.

Die Geschichte der Angst

Wenn wir auf die Geschichte der Menschheit zurückblicken, sehen wir, dass die Angst keineswegs eine Erfindung der Moderne, sondern ein tief in der menschlichen Natur verwurzeltes Gefühl ist. Die Menschen der Frühgeschichte fürchteten sich vor Blitz und Donner, vor Mond- und Sonnenfinsternis, vor bösen Dämonen, wilden Tieren und Naturgewalten. Um sich vor den Kräften des Bösen zu schützen, schufen sie angstfreie Räume, die sie mit strengen Tabuvorschriften umgaben. Die Menschen glaubten damals, vor den bösen Mächten geschützt zu sein, wenn sie bestimmte Pflanzen nicht aßen, bestimmte Tiere nicht jagten, verbotene Orte nicht betraten oder einen Talisman trugen. In den religiösen Hochkulturen bedienten sie sich gewisser Rituale, Opferkulte und Zeremonien, um die Götter zu besänftigen. Manchmal trauern wir etwas wehmütig der Zeit nach, in der die Menschen im Einklang mit der Natur standen und so etwas wie die atomare Bedrohung nicht kannten. Doch die Angst ist dem Menschen durch die Jahrtausende treu geblieben; nicht sie selbst hat sich gewandelt, sondern nur die Themen, die wir mit Angst besetzen.

Angstgefühle sichern tabuisierte Orte und Handlungen. Die Furcht vor Strafe hilft, die ethisch-moralisch akzeptierten Handlungen gegenüber den nicht akzeptierten Verhaltensweisen durchzusetzen.

Einst war der Fluchttrieb eine notwendige Reaktion auf Feinde, die lebensbedrohlich waren. Doch die Risiken in der heutigen Zeit sind geringer oder ganz andere. Dennoch kommt uns diese genetisch verankerte Angstreaktion immer wieder in die Quere.

Angst hat zwei Gesichter

Die Natur scheint uns überflüssigerweise mit dieser einengenden Gabe ausgestattet zu haben, so mögen wir heutzutage denken. Aber so störend wir unsere Angst mitunter erleben, so lebens- und überlebenswichtig ist sie. Sie ist sozusagen der Motor des Lebens. Ohne Angst vor wilden Tieren, vor Naturgewalten, vor Krankheiten oder vor dem Alleinsein wäre die menschliche Art möglicherweise schon ausgestorben. Und auch heute noch ist die Angst ein nützliches Instrument. Unsere Angst erinnert uns täglich daran, wie gefährdet und wie verletzbar wir sind. Ohne unsere Ängste würden wir uns möglicherweise nicht gegen Einbruch oder Brandgefahr schützen. Vielleicht würden wir unserem neuen Chef den nötigen Respekt verweigern und bereits in der Probezeit gefeuert werden. Die Hochzeitsrede könnte fade wirken, wenn wir ohne Anflug von Nervosität einen gut auswendig gelernten Text fehlerfrei vortragen. Wir würden unseren Kindern keine guten Ratschläge geben, wie sie sich Fremden gegenüber verhalten sollten. Und wir würden die Gefahren durch radioaktive Strahlen oder das AIDS-Risiko herunterspielen, einen Zeckenbiss nicht beachten oder die Rinderseuche als eine Erfindung der Schweineindustrie abtun.

Angst akzeptieren

Das alles tröstet Menschen, die aus Angst auf viele schöne Dinge des Lebens verzichten müssen, nur wenig. Dabei würden wir mit weniger Angst vielleicht eher auf unsere Mitmenschen zugehen, würden auf einer Betriebsversammlung unseren Unmut äußern oder gelassen in eine Prüfung gehen. Vielleicht würde uns die Vorstellung vom Tod nicht ängstigen, wir würden uns nicht vor einer Blamage fürchten oder die Gefahr eines Überfalles als gering ansehen. Doch unabhängig davon, ob wir unsere Angst als Schwäche ansehen, als Zeichen unserer Verletzbarkeit betrachten oder sie stumm erdulden: Sie gehört zum Leben wie Wut und Trauer, wie Freude und Ärger.

Beim Vorsprechen oder Aufsagen entsteht schnell ein Gefühl der Beklommenheit. Die Angst, zu versagen und sich zu blamieren, löst Lampenfieber aus.

Die Sprache der Angst

Wenn wir die Sprache als Ausdrucksweise der menschlichen Natur betrachten, so sehen wir, dass sie für die Angst vielfältige Begriffe bereithält. Es gibt kaum einen Gemütszustand, für den wir ähnlich zahlreiche Worte haben. Wir sprechen von Angst, Furcht, Panik, Phobie, Schreck und vielem mehr, wenn wir uns der Fachsprache bedienen. Unsere Alltagssprache drückt es mitunter drastischer, dafür umso anschaulicher aus. Wir reden von Bammel und Muffe, von Horror und Heidenangst, von Entsetzen und Schauder. Manchmal grausen wir uns vor etwas oder haben schlicht »Schiss«. Insbesondere der letzte Begriff veranschaulicht die enge Verbindung zwischen unserem seelischen Empfinden und den dazugehörigen Körperreaktionen. Nicht nur Kinder, auch wir Erwachsenen haben mitunter »die Hosen voll«, wenn wir uns davor fürchten, in einer Prüfung »durchzufallen«. Unsere Angst hat anscheinend etwas damit zu tun, wie wir die Dinge verdauen oder verarbeiten. Auf der anderen Seite zittern wir »wie Espenlaub«, wenn wir in jenem merkwürdigen Zwiespalt zwischen Handeln und Verharren gefangen sind.

Angst äußert sich auf vielfältige Weise und weniger oft in großen Aktionen als vielmehr in kleinen Gesten, unbewussten Verkrampfungen oder gestörten Funktionsabläufen des Körpers.

Wie sich Angst zeigt

Es gibt viele Möglichkeiten, mit Angst umzugehen. Wenn wir uns ängstigen, können wir flüchten, kämpfen oder uns tot stellen. Solange wir nichts dergleichen tun, befinden wir uns in einer Art Schwebezustand. Die Psychologie nennt diesen Zustand Ambivalenz, wenn wir zwischen zwei oder mehreren Impulsen hin und her gerissen sind und vor Angst zittern.

Angst entsteht dort, wo es »eng« wird und wir uns »bedrängt« fühlen. Kaum ein Laut unserer Sprache drückt das Gefühl der Enge und Bedrängnis besser aus als die Konsonantenverbindung »ng«, die vom lateinischen »angustus« abgeleitet ist. Wir hören förmlich, wie uns die Beklemmung die Kehle zuschnürt und es uns »angst und bange« wird. Sicher nicht zufällig sprechen wir von einer Angina, wenn wir eine beklemmende Rachenentzündung haben.

Angst und Vernunft

Erwachsene gehen anders mit ihren Ängsten um. Oft hilft es, ein paar Mal tief durchzuatmen, die Augen zu schließen, sich selbst beruhigend zuzureden und alles noch einmal neu und langsam auf sich wirken zu lassen.

Wenn wir als Erwachsene unsere Ängste als Motor des Lebens anerkennen, so sollten wir sie auch als nützliche Wegbegleiter für unsere Kinder akzeptieren. Angst ist eine sehr persönliche Angelegenheit und hat wenig mit Vernunft zu tun. Sie überfällt uns, sie kriecht in uns hoch, sie lähmt uns, und manchmal beflügelt sie uns. Angst machen uns Dinge, die wir nicht einordnen, nicht überschauen oder vorhersehen können. Genauso ergeht es Kindern mit der Angst, denn sie können sich noch weniger als wir die Dinge mit dem Verstand erklären.

Kopfsprung und Wasserspiele

Die folgende Geschichte von Jan zeigt, dass Angst nur wenig mit Vernunft zu tun hat. Angst ist sozusagen unvernünftig, denn rational betrachtet, haben angstbesetzte Situationen oft nichts real Bedrohliches.

Jan ist ein sympathischer, siebenjähriger Junge, der vor Lebendigkeit nur so sprüht. Sein Vater genießt es, den Sonnabend mit seinen zwei Söhnen im nahe gelegenen Spaßbad zu verbringen. In wenigen Tagen will Jan, der ältere der beiden Jungen, an der Schwimmprüfung teilnehmen. Für das Seepferdchen reicht seine Ausdauer mühelos aus – wenn da nur nicht noch der Kopfsprung vom »Einer« wäre. Geduldig macht ihm sein Papi den eigentlich harmlosen Sprung wieder und immer wieder vor. Jan gibt sich viel Mühe, es ihm nachzumachen. Man sieht es ihm richtig an, wie er sich vornimmt, den Kopfsprung beim nächsten Versuch zu wagen. Beherzt steigt er die Stufe zum Einmeterbrett hoch und nimmt konzentriert Anlauf. Doch im letzten Moment springt er dann doch jedes Mal mit den Füßen zuerst.

Nach mehr als einer Stunde guten Zuredens, geduldigen Vormachens und zahlreicher Vorübungen am Beckenrand reißt dem Vater der Geduldsfaden, und er versucht, seinen Sohn bei der Ehre zu packen: »Nun stell dich doch nicht so an, du bist doch kein Feigling.« – »Aber wenn ich doch Angst habe!«, versucht Jan sich zu verteidigen. Enttäuscht wendet sich der Vater seiner Liege und dem spannenden Buch zu. Als er nach 20 Minuten fast zufällig zum Sprungbrett aufschaut, sieht er, wie sein Sohn soeben zum wiederholten Kopfsprung vom Einmeterbrett ansetzt.

Bei der Überwindung von Angst kommt es nicht darauf an, die Ungefährlichkeit einer Sache rational darzustellen. Um die Angst aus der Welt zu schaffen, muss der emotionale Bereich angesprochen werden.

Überwindung durch Eigenverantwortung

Jan ist weder ein Angsthase noch ein Feigling oder gar ein Muttersöhnchen. Jan ist nur vorsichtig und ein bisschen verunsichert. Vom Verstand her weiß er genau, wie es geht. Und er weiß auch, dass der Sprung ungefährlich ist. Doch solange der ehrgeizige Papi seinem Sohn die Angst ausreden will, traut Jan sich nicht. Erst als der Vater ihm ungewollt die Verantwortung für seine Angst zurückgibt, indem er ihn nicht mehr beaufsichtigt, findet Jan den Mut, seine Angst zu überwinden. Inzwischen ist Jan 13 Jahre alt und springt regelmäßig und furchtlos vom Drei-, manchmal sogar vom Fünfmeterbrett.

Vom Wesen der Angst

Angst vorm freien Fall kommt bei diesem kleinen Kerl glücklicherweise nicht auf. Gehalten von Papa, kann nichts schief gehen.

Was ist überhaupt Angst?

Jeder von uns kennt Situationen, die Angst machen. Sie ist weder an ein Lebensalter gebunden noch an eine bestimmte geschichtliche Epoche. Sie kommt in allen Kulturen vor und ist wohl auch Tieren nicht fremd. Sie ist genauso flüchtig wie die Freiheit: Wenn wir sie begreifen wollen, entschwindet sie. Generationen von Forschern und Forscherinnen, wissenschaftliche Institute und ganze Fachbibliotheken sind mit diesem schwer fassbaren Phänomen beschäftigt, ohne je eine befriedigende Erklärung gefunden zu haben. Letztlich müssen wir uns mit Teilerklärungen zufrieden geben. Etwas vorsichtig kann man aber Angst wie folgt definieren.

Angst ist ein in die Zukunft gerichtetes Gefühl des Bedrohtseins und der Verzweiflung, das bei allen Menschen auftritt. Sie zeigt sich, wenn wir vertrautes Gebiet verlassen und die Grenzen zu Neuem und Unbekanntem überschreiten. Sie ist Teil der menschlichen Natur und lässt sich mit dem Willen nur wenig beeinflussen. Sie zeigt sich in zahlreichen körperlichen Symptomen, die von Herzklopfen, Atemnot, Schwindel bis zu Harndrang und Durchfall reichen können.

Angst kann auch zur Sucht werden. Manche Menschen suchen den besonderen »Kick« darin, sich in gefährliche Situationen zu begeben, und berauschen sich an diesem Nervenkitzel.

Wenn ein Kind oder ein Erwachsener niemals seine Grenzen überschritten hat, bleiben ihm wichtige Erfahrungen vorenthalten. Einem Menschen, der es vermeidet, an seine Grenzen zu kommen, möchten wir am liebsten – wie in dem bekannten Märchen – zurufen, er möge erst mal losziehen, um das Fürchten zu lernen.

Das Gegenteil von Angst

Manchmal verstehen wir die Dinge besser, wenn wir uns ihr Gegenteil vorstellen. Bei Begriffspaaren wie »Freude« und »Trauer«, wie »Liebe« und »Haß« und bei vielen anderen Gefühlen ist es leicht, das Gegenteil zu nennen. Doch bei der Angst ist es schwerer. Manchmal sagen wir gedankenlos zu unseren Kindern: »Hab keine Angst«, wenn sie sich vor etwas fürchten, sich etwas nicht zutrauen. Es ist eine wenig bekannte Eigenart der menschlichen Seele, dass wir »Nichtbotschaften« nicht verarbeiten können. Wenn Ihr Kind Angst vor dem Zahnarzt hat, werden Sie ihm vielleicht den gut gemeinten Rat geben: »Du musst jetzt ganz tapfer sein!« Ein solcher Satz ist auf den ersten Blick tatsächlich eine »Ja-Botschaft«. Sie könnte für das Gegenteil von Angst stehen, denn Tapferkeit ist verwandt mit Mut. Und wer Mut hat, hat keine Angst. Das ist zumindest in so manchen Ratgebern nachzulesen.
Stimmt das wirklich? Es ist wohl eher so, dass der Mut in der Angst enthalten ist. Wir handeln mutig, wenn wir trotz unserer Angst beherzt einschreiten. Angenommen, Sie beobachten eine Gruppe angetrunkener Jugendlicher dabei, wie sie ein ausländisches Mädchen belästigen. Trotz großer Angst werden einige von Ihnen in einer ähnlichen Situation all ihren Mut zusammen nehmen und eingreifen. Es sieht fast so aus, als wenn die Angst kein Gegenteil hätte. In diesem Sinne können wir allenfalls von Nichtangst oder von Angstfreiheit sprechen.

Mut ist nicht das Gegenteil von Angst, vielmehr ist Angst die Voraussetzung für Mut; ohne Angst wäre Mut keine Leistung, da er sich gegen nichts durchsetzen müsste. Vertrauen und Selbstvertrauen sind die wichtigsten Gegenspieler der Angst.

Ein vielschichtiger Begriff

Bei genauerem Hinsehen fällt Ihnen sicher eine Reihe von Begriffen ein, die dem Zustand der Angstfreiheit entsprechen. Wenn wir Angst z. B. als eine Stimmung ansehen, in der wir aufgeregt und angespannt sind, so ist das Gegenteil mit Ruhe, Gelassenheit oder Entspanntheit zu beschreiben. Sehen wir bei der Angst eher die Seite, dass wir aus dem Gleichgewicht geraten sind und uns verunsichert

fühlen, so können wir das Gegenteil mit Sicherheit und Selbstvertrauen ausdrücken. Angst hat aber auch etwas mit Enge und Beengtheit zu tun. Insofern können wir das Gegenteil von Angst mit Weite, vielleicht sogar mit Grenzenlosigkeit umschreiben.
Wir können uns der Angst aber auch von der körperlichen Seite annähern, indem wir unser Bedrohtsein als Unwohlsein erleben. Wir fühlen uns schwach und kraftlos, wenn wir vor Angst wie gelähmt sind. In diesem Sinne ist das Gegenteil von Angst Stärke, Körperbewusstheit und Kraft. Wenn wir stark sind, fühlen wir uns wohl in unserer Haut und spüren die Kraft, mit der wir Bäume ausreißen könnten.

Kinder sind normalerweise frei von Existenzängsten. Sie verlieren sich noch nicht im tiefen Grübeln über Sinn und Auswirkungen des eigenen Seins, sondern akzeptieren sich ganz selbstverständlich.

Existenzangst

Es gibt noch eine weitere Form der Angst, die bisher unerwähnt blieb. Es ist eine, die alle anderen Ängste überlagert. Sie ist uns kaum bewusst, und doch vermischt sie sich immer mit der so genannten Realangst, der Angst oder Furcht vor echten Bedrohungen. Wir erfahren sie als Furcht vor klar zu benennenden Dingen wie Feuer, Krankheiten, vor unbeherrschten Menschen und vielem mehr. Auch wenn wir das Gefühl nicht immer richtig beschreiben können, können wir zumindest vage das Objekt unserer Angst benennen.
Anders bei der Existenzangst. Seit Jahrhunderten, vielleicht sogar Jahrtausenden befassen sich Philosophen mit ihr. Von Sartre bis Jaspers über Kierkegaard und Heidegger haben viele große Denker der Menschheit immer wieder nach den tieferen Gründen geforscht, durch die wir uns in unserem Selbst bedroht fühlen. Die Existenzangst ist wohl die einzige Angst, die bei Kindern noch nicht eine so große Rolle wie bei den Erwachsenen spielt. Während sie aufwachsen, sind sie noch zu sehr damit befasst, mit ihren phantasiegeborenen und realen Bedrohungen fertig zu werden. Da unsere Kinder zu einem guten Teil ihre Angst aber von uns Erwachsenen lernen, sind sie indirekt auch mit dieser Angst befasst.

Ursachen der Existenzangst

Die Quellen der Existenzangst können vielfältig sein: Weltangst als Angst vor der Freiheit und den grenzenlosen Möglichkeiten, Angst vor dem Nichtsein als Angst vor dem Tod, Angst vor dem Dasein als Angst vor den Herausforderungen des Lebens und vieles mehr. Angst in diesem philosophischen Sinne ist nicht an bestimmte Themen gebunden, sondern als gegenstandslose Stimmung zu beschreiben. Sie hat etwas damit zu tun, wie wir uns in der Welt sehen, in welcher Weise wir uns mit der Natur im Einklang befinden und welchen Sinn wir unserem Leben geben.

Die Neugier und Freude daran, immer wieder neue Entdeckungen und Erfahrungen zu machen, neue Freunde zu finden und gemeinsame Erlebnisse zu haben, wirken der Existenzangst entgegen.

Ausgleich und Gegenspieler

Das Gegenteil von solchen Ängsten ist demgemäß genauso unbestimmt und vage. Und doch scheint die Existenzangst, oder besser gesagt, ihr Gegenteil das wichtigste Gefühl und die bedeutendste Fähigkeit des Menschen überhaupt zu sein. Die Möglichkeit, sich selbst und anderen Menschen zu vertrauen, hat hierin ihre Wurzeln.

In Gesprächen, bei denen man sich Zeit füreinander nimmt, kann der erfahrene Erwachsene dem Jüngeren Mut zusprechen und ihm helfen, Ängste zu bewältigen.

Grundsätzlich haben die Ängste von Eltern großen Einfluss auf die Kinder. Auch hier sind die Erwachsenen in gewisser Weise Vorbilder und können ihre Ängste und Befürchtungen auf die nachfolgende Generation übertragen.

Sich mit der Welt und der Natur im Einklang zu fühlen, ohne sie schönzureden, ist eine wichtige Seite dieses grundlegenden Vertrauens. Geborgenheit, Sicherheit und Selbstsicherheit speisen sich aus ihr. Viele als gut und sozial bezeichnete menschliche Eigenschaften wären ohne die grundlegende Übereinstimmung mit der Welt undenkbar. Ob wir diese Übereinstimmung als kosmisches Gefühl, als Lebensphilosophie oder als Wertebewusstsein bezeichnen, ist unerheblich. Selbst die Fähigkeit der Menschen zur Liebe hat ihre Ursachen in diesem wichtigen Gegenteil. Nur wenn wir uns selber lieben, können wir unsere Mitmenschen, unseren Partner und besonders unsere Kinder lieben.

Kinder- und Elternängste

Angst ist ein sehr umfangreiches Gebiet. Dabei unterscheidet sich die Angst Erwachsener nur wenig von der kindlichen Angst. Die Themen sind allerdings unterschiedlich. Wenn also vom Wesen der Angst die Rede ist, so gilt all das auch für Kinder. Indem wir über unsere eigenen Ängste mehr wissen und sie als Teil unserer Persönlichkeit akzeptieren, helfen wir unseren Kindern mehr, als wenn wir unsere eigenen Ängste unterdrücken und so tun, als ob wir angstfrei wären.

Furcht, Angst und Schrecken

Ihnen wird aufgefallen sein, dass ich »Furcht« und »Angst« fast gleichwertig verwendet habe. In der Tat kommt ein Ringen um Definitionen einem Streit um des Kaisers Bart gleich. Dichter und Philosophen haben viele Jahre ergebnislos wortreiche Abhandlungen über die Unterscheidung geführt und bis heute keine einheitliche Festlegung gefunden. Ähnlich ist es mit den Begriffen »Schrecken« und »Panik«. Die Psychologie zeigt sich in dieser Hinsicht etwas eindeutiger. In der psychologischen Literatur finden sich die folgenden Unterscheidungen.

Angst ist eine Reaktion auf eine unbestimmte Gefahr oder Bedrohung. Neben tatsächlich beobachtbaren Quellen kann sie auch von phantasierten Bedrohungen herrühren. Sogar bestimmte körperliche Krankheiten können unbewusste seelische Angstreaktionen hervorrufen.

Furcht ist ein Gefühl der Bedrohtheit, das im Augenblick einer tatsächlichen Gefahr auftritt. So fürchten wir uns vor einem Einbruch, einem Unfall oder einem anderen unvorhersehbaren Ereignis.

Schreck ist – im Unterschied zur Furcht – eine sehr plötzlich einsetzende Reaktion auf ein unerwartetes Vorkommnis. Sie kann z.B. durch einen Knall, eine unvorhergesehene Situation oder durch einen Schlag ausgelöst werden.

Panik – nach dem griechischen Hirtengott Pan benannt – beschreibt einen heftigen Schrecken, der einen Einzelnen oder eine Gruppe von Menschen befallen kann. Im ursprünglichen Sinne führt die gefährliche oder als gefährlich angesehene Situation dazu, dass die Menschen sich durch Flucht der Gefahr entziehen.

Angst in ihren verschiedenen Erscheinungsformen verweist auf die unterschiedliche Intensität und Dauerhaftigkeit dieses Gefühls; es reicht vom kurzzeitigen Schreck zur umfassenden Phobie.

Außer den aufgeführten gibt es noch einige spezielle Angstformen wie etwa die Phobie, die Angstneurose und die so genannte frei flottierende Angst. Soweit sie für das Verstehen der Angst bei Kindern interessant sind, wird später noch auf die ein oder andere Angstform eingegangen.

Schon ab den ersten Lebenswochen ist Angst ein Begleiter jedes Menschen.

Je mehr neue Erfahrungen gemacht werden, desto mehr ängstigende Momente treten auf. Schon Säuglinge erleben also eine Fülle von Glücks- und Angstmomenten.

Kindliche Ängste und Schreckreaktionen

Angst bei Säuglingen

Das Gefühl der Angst zählt zu den frühesten Erfahrungen unserer Kinder. Bereits in den ersten Lebensmonaten zeigen Säuglinge Furchtreaktionen auf plötzliche Geräusche, Lichtveränderungen oder unerwartete Berührungen.
Die vollkommene Geborgenheit und Sicherheit, die das Kind im Mutterleib erfährt, werden mit der Geburt – manchmal unter dramatischen Umständen – abrupt beendet. Der vertraute Pulsschlag der Mutter, die gleich bleibende Wärme, die Weichheit und die nahtlose Versorgung mit Nahrung, all das ist mit der Geburt vorbei. Das Baby wird in eine Welt hineingeboren, in der helles Licht, Frieren und Schwitzen, laute Geräusche und quälender Hunger neue Erfahrungen sind. Es muss sich jetzt für seine Ernährung, für zärtliche Berührungen, für angenehme Temperaturen und vieles mehr anstrengen und sich in seiner eigenen Sprache mit durchdringendem Schreien bemerkbar machen. Aus anfänglichen Unlustgefühlen, wenn es sich vernachlässigt fühlt, entstehen erste dumpfe Ängste. Zwar spürt es, dass die Mutter all seine kleinen Wünsche befriedigt. Gleichzeitig lernt es aber, dass die Mutter nicht immer und nicht immer sofort zur Stelle ist.

Fremdes ängstigt

Schon nach wenigen Monaten lernt das Baby, den Geruch, die Bewegungen und die Stimme der Mutter von denen anderer Menschen zu unterscheiden. In der Zeit vom siebten bis zehnten Lebensmonat zeigen viele Kinder heftige Furchtreaktionen, wenn der Opa, eine Freundin der Mutter oder ein Verwandter sie auf den Arm nimmt. Das für diese Zeit typische »Fremdeln« stellt eine erste erkennbare Angstreaktion dar, in der das Kleinkind angstvoll »begreift«, dass es nicht mehr Teil der Mutter ist.

Unbenennbare Angst

Wenn unsere Kinder etwas älter werden, aber noch nicht richtig sprechen können, leiden sie manchmal unter Ängsten, die wir nicht verstehen, da die Kinder sie selbst nicht verstehen. Kinder bis etwa drei Jahre haben keine Angst wie wir, sondern sie sind in Angst. Sie fühlen Angst, ohne zu wissen, was mit ihnen geschieht.

Situationen, die sich sprachlich nicht fassen lassen, sind wesentlich schwieriger zu bewältigen als Probleme, über die man reden und so »in den Griff bekommen« kann. Angst nicht mitteilen zu können verstärkt das Gefühl des Ausgeliefertseins.

Eine unheimliche Begegnung

Marie-Kathrin durchrobbt mit ihren 14 Monaten in atemberaubender Geschwindigkeit ihre kleine Welt, die zwischen Küchenschränken, Wohnzimmerregalen und Papis Arbeitszimmer angesiedelt ist. Furchtlos räumt sie Schubladen aus, zieht den geduldigen Hund an den Ohren oder baut aus Büchern kleine Häuschen. Mit viel Ausdauer versuchen die geduldigen Eltern, Marie-Kathrin den Unterschied zwischen erlaubten und verbotenen Abenteuern nahe zu bringen.

Die Mutter plaudert gerade entspannt am Telefon mit ihrer besten Freundin, als sie einen gellenden Schrei aus dem Arbeitszimmer ihres Mannes vernimmt. Erschrocken stürzt sie an den Ort des Geschehens und findet Marie-Kathrin völlig aufgelöst vor, Auge in Auge mit einer schwarzen Porzellanmarionette, die am Bücherregal hängt. Erst als die Mutter die Marionette in einer Schublade verschwinden lässt und ihre Tochter auf den Arm nimmt und beschwichtigend auf sie einredet, beruhigt sich Marie-Kathrin allmählich.

Nicht immer sind die Quellen der kindlichen Angst so leicht zu beheben wie bei Marie-Kathrin. Die Mutter hat gefühlsmäßig das Richtige getan, indem sie die Angst auslösende Marionette aus dem Blick des Kindes entfernt und die Tochter beruhigend in den Arm nimmt. Für Marie-Kathrin ist das Verhalten der Mutter eine lebensprägende Erfahrung. Das Kind lernt in diesem frühen Lebensabschnitt, dass manche Dinge zwar bedrohlich sind, dass ein nahe stehender und liebevoller Mensch es aber schützt und hält. Denn Kinder, die noch nicht sprechen können, brauchen das Gefühl, von der Mutter oder einer anderen vertrauten Person gehalten zu werden, besonders.

Generalisierungsgefahr

Die Verdrängung von Angstgefühlen wirkt wie ein Teufelskreis, denn je weniger wir über Unangenehmes reden, desto mehr Einfluss bekommt es auf unser Handeln und Denken. Gerade Kinder, die noch weniger rational denken als Erwachsene, leiden darunter besonders.

Nicht auszudenken, wenn die Mutter Marie-Kathrin in ihrem Schrecken allein gelassen hätte. Weil sie noch keine Sprache für ihre Ängste haben, können Kinder in diesem Alter sich noch nicht selbst beruhigen. Wenn sie mehrfach in einer ähnlichen Situation allein gelassen werden, kann sich eine tief sitzende Angst vor fremdartigen Gegenständen, Figuren oder Menschen einnisten. Manchmal kommt es zu einer so genannten frühkindlichen Generalisierung. Darunter versteht die Psychologie, dass die Ängste von einem bestimmten Objekt auf alle gleichartigen übertragen werden. Das kann dazu führen, dass Kinder sich nicht nur vor einem bestimmten Tier oder einer bestimmten Figur erschrecken, sondern vor vielen anderen Dingen und Situationen, die sie als ähnlich empfinden.

Angst vor Verlust der Mutter

Weit schwerer als die eben beschriebene isolierte Schreckreaktion kann sich die Sorge um den Verlust der Mutter oder des Vaters auswirken. Wenn Kinder nur wenige Male die Erfahrung machen mussten, dass sie in einer bedrohlichen Situation allein gelassen wurden, kann sich das aufs ganze Leben auswirken. Je jünger ein

Kind ist, umso schwerwiegender sind die Folgen, wenn es sich von der Mutter vernachlässigt fühlt. Manchmal führt diese unbewusste Angst der Kinder zu so genannten frühen Störungen. Aus der Therapie mit erwachsenen Frühgestörten wissen wir, dass ihre Behandlung sehr schwierig ist. Deshalb sind die frühkindlichen Erfahrungen entscheidend dafür, wie das Kind im späteren Leben mit seinen eigenen Ängsten umgeht. Denn in der Sorge um den Verlust der Mutter spiegelt sich immer auch die Angst vor dem Verlust der eigenen Existenz wider.

Die Trennung von den Eltern gehört zu den ersten und wichtigsten Ängsten im Leben eines Kindes. Sie besteht meist bis ins Kleinkindalter, jedoch manchmal noch darüber hinaus.

Angsterfahrung und Urvertrauen

Wissenschaftler streiten sich in der Frage, ob Kinder ein angeborenes Urvertrauen haben, das durch angstvolle Erfahrungen gestört wird, oder ob Angst durch leidvolle Erlebnisse erst gelernt wird. Wir können wohl davon ausgehen, dass beides zutrifft. Kinder befinden sich bei ihrer Geburt mit dem Rhythmus ihrer Mutter im Einklang. Ob wir diesen Zustand Urvertrauen nennen oder von ursprünglicher Symbiose sprechen – dem Zustand des Einsseins mit der Mut-

Die Nähe zu einem vertrauten Menschen ist gerade für Kinder, die noch nicht sprechen können, besonders wichtig. Sie gibt dem Kind Schutz und Geborgenheit.

ter –, ist unerheblich. Mit der Geburt begreifen Kinder sehr schnell, dass sie nicht mehr dem Rhythmus der Mutter gehorchen und ihre eigene Gangart finden müssen. Unsere Aufgabe ist es, unsere Kinder auf ihrem langen Weg der Abnabelung behutsam, aber konsequent zu begleiten. Dieser Weg ist störbar und störungsanfällig zugleich.

Kleine Persönlichkeiten

Noch vor wenigen Jahren galten Kinder als »unbeschriebenes Blatt«, als lernbedürftige Menschen ohne Vorerfahrungen, die fast ausschließlich durch äußere Einflüsse zu kleinen Persönlichkeiten heranreifen. Heute neigen wir zu der eher nüchternen Einsicht, dass Kinder weder allein durch die Anlagen noch durch die Umwelt geprägt werden, sondern durch beides. Die Fachwelt ist sich ziemlich einig, dass Kinder durch viele Faktoren geprägt werden, die sich in einer bestimmten Weise miteinander mischen.

Obwohl Ängste wichtige Funktionen haben, ist ein Zuviel für die Entwicklung des Kindes störend. Ein schwaches Selbstvertrauen bis hin zum negativen Selbstbild kann die Folge sein. Übermäßige Angstgefühle können die verschiedensten Ursachen haben.

Es sind vor allem …

- vorgeburtliche Umwelteinflüsse: Übermäßiger Zigaretten-, Alkoholkonsum und Medikamentenmissbrauch der Mutter während der Schwangerschaft können das Kind erheblich schädigen.
- der Verlauf der Schwangerschaft: Die Lebensweise der Mutter überträgt sich auf das Ungeborene. Schlafrhythmus, Nervosität usw. wirken sich auf das Kind aus.
- die Geburt selbst: Es ist einleuchtend, dass ein Säugling eine Geburt durch Kaiserschnitt anders erlebt, als wenn es sich mühsam über den natürlichen Weg ans Licht der Welt quälen muss.
- das von den Eltern geerbte Temperament: Wie Haut und Haare mischen sich in den Erbanlagen des Kindes auch die Grundstimmungen der Eltern, die bereits Kleinkindern unverwechselbare Persönlichkeitszüge verleihen.
- frühe Erfahrungen von Sicherheit, Geborgenheit, aber auch Erlebnisse des Alleinseins: Ein Kind, das sich seiner Versorgung sicher ist, wird eher selbstbewusst in der Welt auftreten als eines, das häufig allein gelassen wurde.

Innere und äußere Einflüsse

Alle diese Faktoren zusammen genommen machen Kinder zu einmaligen Persönlichkeiten. Eine Mutter aus Magdeburg beispielsweise berichtet von ihren zwei Kindern: Während die sechsjährige Tochter Vanessa vor Selbstsicherheit nur so strotzt, traut sich der vierjährige Bruder Lukas kaum vom Rockzipfel der Mutter weg. Sie fragt sich manchmal verzweifelt, ob sie bei dem Jungen etwas falsch gemacht hat. Schließlich hat sie sich bei beiden Kindern doch ähnlich verhalten, und sie kann sich auch nicht erinnern, dass der kleinere Lukas eine besonders angsterregende oder erschreckende Erfahrung während seiner Säuglingszeit machen musste. Doch sie braucht sich keine Vorwürfe zu machen. Kinder sind nun mal sehr verschieden. Manche sind wahre Draufgänger, während andere sich vorsichtig an unbekannte Situationen herantasten.

Ob ein Kind eine eher ängstliche oder eine eher forsche Persönlichkeit wird, ist mit der Geburt weitgehend festgelegt. Die Grundstimmung eines Kindes können wir nur wenig beeinflussen. Da wir uns aber in unserem gesamten Leben immer wieder verändern, verändern wir auch unseren Umgang mit Angst und Furcht. Und es kommt weniger darauf an, der Angst aus dem Weg zu gehen, als vielmehr, mit diesem alltäglichen Phänomen besser umgehen zu lernen.

Von Geburt an haben Kinder bereits ihre eigene Persönlichkeit. Gerade wenn Ihr Kind ängstlich und zurückhaltend ist, benötigt es Ihr Vertrauen, damit es sich frei entfalten kann.

Gelernte Angst

Ob unsere Kinder dazu neigen, furchtlos die Welt zu erobern oder eher ängstlich an ihr zu leiden, ist zunächst einmal etwas, was wir hinnehmen müssen. Wenn wir aber in dem unterschiedlichen Temperament unserer Kinder ein Problem sehen, kann daraus tatsächlich eines entstehen. Vielleicht erinnern Sie sich an eine Zeit, in der Sie sich ängstlich gefühlt haben. Zurückblickend verstehen Sie vielleicht gar nicht, wovor Sie sich damals gefürchtet haben. Möglicherweise haben Ihnen größere Gruppen Angst gemacht, Sie haben sich vor Ihrem Chef gefürchtet oder vieles mehr. Heute macht Ihnen das alles nichts mehr aus. Denn inzwischen haben Sie neue Erfahrungen gemacht, Ihren Erkenntnishorizont erweitert und gelernt, dass Sie diese Ängste gar nicht haben müssen.

Wir wissen aus der Lernpsychologie, dass wir viele Ängste lernen. Das hat mit dem Lernen in der Schule nur so viel zu tun, dass wir durch Wiederholungen zu einem fest gefügten Wissen kommen. Indem wir in ähnlichen Situationen immer wieder gleiche Erfahrungen machen, verstärkt sich ein zufälliges Erlebnis zur scheinbar objektiven Gewissheit. Das lässt sich an einem Beispiel verdeutlichen.

Unsicherheiten ziehen oft ein Vermeidungsverhalten nach sich, das sich schnell einschleift und sich zu Ängsten oder gar Phobien weiterentwickeln kann. Ängstigende Situationen sind jedoch gleichzeitig Herausforderungen und für die Entwicklung notwendig.

Ein schwarzes Ungeheuer

Die siebenjährige Anja geht jeden Morgen auf dem Weg zur Bushaltestelle an einem Bauernhof vorbei. Vor dem Haus liegt meistens ein großer schwarzer Hund, der dort angekettet ist. Sobald sie sich dem Haus nähert, beginnt der Hund, grässlich zu knurren und zu bellen. Dabei zerrt er so heftig an seiner Kette, dass sie zu zerreißen droht. Weil Anja als Vierjährige von einem Hund gebissen wurde, hat sie vor Hunden ungeheure Angst. Jedes Mal, wenn sie an dem Kettenhund vorbeikommt, spürt sie an seinem Knurren und Bellen, dass er gefährlich ist. Wenn er nicht gefährlich wäre, so denkt sie, wäre er auch nicht angekettet. Schließlich wird ihre Angst so groß, dass sie nicht mehr allein zum Bus gehen kann und die Mutter sie regelmäßig mit dem Auto fährt.

Anjas Angst kann sich zu einer so genannten Hundephobie ausweiten, die aber zum Glück verhältnismäßig leicht zu behandeln ist. Doch die vielleicht wichtigste Erkenntnis der Lerntheorie besteht darin, dass wir unsere Ängste genauso, wie wir sie gelernt haben, auch wieder verlernen können. Übermäßige Angst muss unsere Kinder also nicht ein Leben lang quälen. Sie kann sich im Laufe der Zeit verstärken, sie kann zurückgehen oder fast vollständig verschwinden. Wenn Sie also ein etwas ängstliches Kind haben, dann sollten Sie sich nicht unnötig beunruhigen.

Erfahrungen anregen

Schon die erste negative Erfahrung, die ein Kind mit einer Situation oder auch mit einem Tier macht, hinterlässt einen Eindruck. Kommen dann weitere schlechte Erfahrungen in ähnlichen Situationen hinzu, entwickelt sich eine Angst, die sich ziemlich sicher in einer Vermeidungshaltung zeigt. Das Kind wird vermeiden, in die angstbesetzte Situation, etwa die Begegnung mit einem Hund, zu geraten. Es wird vielleicht sogar diese Erfahrung generalisieren und eine Angst vor allen Hunden entwickeln.
Doch wo negative Erfahrungen sind, können positive Erfahrungen Gegenspieler dieser so entwickelten Ängste werden. Manchmal ist es dabei notwendig, als Eltern ein bisschen nachzuhelfen und den Kindern die Gelegenheit zu geben, gute Erfahrungen zu machen, ihre Ängste wieder zu verlernen. Davon wird im Kapitel »Die Angst besiegen« (siehe Seite 82 ff.) noch die Rede sein.

Hat Ihr Kind erst einmal eine negative Erfahrung gemacht, kann aus Angst rasch Ängstlichkeit werden. Wenn es jedoch die Gelegenheit bekommt, in einer vergleichbaren Situation eine positive Erfahrung zu machen, können Ängste besiegt werden.

So ein großer Hund – und er tut auch nichts. Diese Erfahrung müssen Kinder erst machen. Trotzdem ist bei fremden Tieren Vorsicht angesagt.

Kinder brauchen Freiräume. Nur durch ihr Tun und ihren Mut zum Risiko lernen sie, schwierige Situationen zu meistern.

Schlüsselerfahrung Abschied

Festhalten oder loslassen?

Besonders beim ersten Kind sind Eltern oft unsicher, wie viel Führung ein Kind braucht. Grundsätzlich gilt, dass wir ihnen so vertrauen sollten, wie wir uns selbst vertrauen. Außerdem zeigen sie uns manchmal recht deutlich, ob sie sich übermäßig behütet oder vernachlässigt fühlen. Und diese Signale sollten wir beachten. Wenn wir sie übermäßig behüten, enthalten wir unseren Kindern die Erfahrung vor, dass in der Welt zahlreiche Gefahren lauern – eine Erfahrung, die sie später dann doch machen werden. Lassen wir sie mit ihren Ängsten allein, fühlen sie sich möglicherweise überfordert. Der Königsweg liegt, so banal oder abgedroschen das klingen mag, auch hier in der Mitte.

Hin und her gerissen zwischen der Geborgenheit in elterlicher Obhut und dem Reiz des Neuen und Interessanten, machen Kinder notwendigerweise viele positive und negative Erfahrungen.

Kletteraffe und Mauerstürmer

Die Mutter von Florian berichtet, wie ihr vierjähriger Sohn sie mit seiner furchtlosen Art ganz schön in Bewegung hält.
Flori, wie ihn alle nennen, scheint sich vor nichts in der Welt zu fürchten. In seiner charmanten Art spricht er auf dem Weg zum Kindergarten fast jeden Menschen im Dorf ungeniert an, und es ist der Mutter fast peinlich, wenn er freimütig Familiengeheimnisse ausplaudert. Keine Mauer und keine Treppe ist zu hoch für seine zahlreichen Mutproben. Die Ermahnungen der Mutter, er möge nicht jeden Hund streicheln, nicht auf jeden Baum klettern und nicht einfach auf die Straße rennen, erreichen ihn nicht. In seinem ungestümen Temperament ist er kaum zu bremsen. Besonders der

Papi kann sich ein stolzes Schmunzeln nicht verkneifen, wenn er am Abend von den selbstbewussten Streichen seines Sohnes hört. Mit fünf Jahren ist Flori dann so weit, dass die Mutter ihn in Begleitung von zwei seiner Spielgefährten die wenigen Meter zum Kindergarten allein gehen lässt. Zwar passt er an der einzigen Stelle, an der er über die Straße gehen muss, gut auf sich auf. Doch dann passiert es. Die Mutter macht gerade die Beete vor dem Haus zurecht, als ihr Sohn laut weinend aus dem Kindergarten kommt. Schon von weitem bemerkt sie eine stark blutende Platzwunde an der linken Stirnseite ihres Sohnes. Aufgeregt erklären die Spielkameraden, dass Flori von der moosbewachsenen Friedhofsmauer abgerutscht und auf den Bürgersteig gestürzt ist. Zum Glück kann der Kinderarzt die Verletzung mit zwei Stichen und einem dicken Verband schnell versorgen. Seit diesem Tag schaut sich Flori die Mauern sehr genau an, auf denen er spazieren geht.

Der Mutter ist kein Vorwurf zu machen; sie hat sich immer viel Mühe gegeben, ihren Sohn vor gefährlichen Dingen zu warnen. Vielleicht war Florians Unfall eine wichtige Notbremse vor allzu großem Selbstvertrauen. Ein selbstbewusstes Kind nimmt durch ein solches Erlebnis keinen großen Schaden. Für die Eltern ist es nach einem Vorfall dieser Art leichter, bei ihrem Kind ein offenes Ohr für die Gefahren des Alltags zu finden.

So manches Kind ist ein richtiger Draufgänger und scheint keine Furcht zu kennen, doch die permanente Überschreitung von Grenzen bringt über kurz oder lang auch manches Furcht erregende Erlebnis mit sich, das selbst den Mutigsten erschüttert.

Verbote und Grenzüberschreitungen

Eltern und Kinder wollen im Grunde dasselbe – aber nicht immer zur gleichen Zeit. Die Eltern wünschen sich von ihren Sprösslingen, dass sie nach und nach immer selbstständiger werden, dass sie ohne Angst auf andere Menschen zugehen und die Welt in irgendeiner Weise erobern. Genau das wollen auch unsere Kinder. Sie sind aber zu ungestüm, um darauf zu warten, bis die Eltern ihnen erlauben, das Leben zu erfahren. Dabei wollen die Eltern ihnen ja alle Freiheit geben, aber tiefe Kellertreppen, scharfe Küchenmesser und glühende Herdplatten sind nun einmal wenig geeignete Dinge, um Gefahren einschätzen zu lernen.

Die pädagogische Literatur bemüht sich aufrichtig, uns Eltern die theoretisch interessante Überzeugung nahe zu bringen, dass Kinder klare Grenzen brauchen. Schön und gut, aber: In der manchmal chaotischen Alltagswirklichkeit, in der drei Kinder, ein hungriger Ehemann, zwei Meerschweinchen und ein Berhardiner möglichst gleichzeitig versorgt sein wollen, sind solche theoretischen Betrachtungen anzustellen einfach unrealistisch. Im Übrigen bin ich der Meinung, dass Kinder erst durch kleine Grenzüberschreitungen lernen, notwendige Grenzen zu erkennen und einzuhalten.

Auch wenn aufgestellte Regeln nicht immer so unmittelbar wirken, wie Eltern es sich wünschen, sind beim Kind doch ein Wissen und eine Vorstellung von wünschbarem und unerwünschtem Verhalten vorhanden.

Kleine Fluchten

Damit Kinder etwas von der Welt verstehen, begeben sie sich mit Vorliebe auf kleine Fluchten. Eine selbst gewählte, vorübergehende Ablösung von der Mutter oder dem Vater sollte uns nicht übermäßig beunruhigen. Wer zwei oder drei Kinder hat, der weiß, dass sie meistens einen guten Schutzengel haben. Doch auch die Einkindfamilien und allein erziehende Mütter und Väter sollten den folgenden Gedanken beherzigen:

Kinder brauchen von uns die Erlaubnis, die Welt schrittweise für sich kennen zu lernen. Erst indem wir ihnen den Raum und das Vertrauen geben, ihre eigenen Erfahrungen zu machen, lernen sie, dass Sicherheit und Geborgenheit nicht allein von der räumlichen Nähe zu den Eltern abhängen.

Kleine Pannen

Doch nicht immer gehen die kleinen Fluchten störungsfrei ab. Angst ist nicht nur gelernt, sondern auch wir können an ihr viel lernen. Die Geschichte von Werner P. mag das verdeutlichen.

Einkauf mit Überraschung

Für den stolzen Familienvater Werner P. gibt es am Sonntag nichts Schöneres, als mit seinen drei Kindern auf dem städtischen Flohmarkt herumzustöbern, während seine Frau sich bei einem schönen Buch von der anstrengenden Woche ausruht.
Während die fünfjährige Marie und der sechsjährige Steffen bei Papa bleiben, geht der große Junge schon etwas vor. An einem Stand mit Süßigkeiten kommt Werner P. mit den beiden Kleinen nicht so einfach vorbei. Um seine Ruhe zu haben, lässt der Papi sich schließlich überreden, eine Tüte Süßigkeiten zu kaufen. Doch das Geschrei ist groß, weil Marie eine Tüte für sich allein haben will. Der Vater bittet Marie, die Tüte zu halten, während er die Verkäuferin nach einer leeren Tüte fragt, damit er die Süßigkeiten auf zwei Tüten verteilen kann. Als er sich umdreht, steht nur noch Steffen da. Verzweifelt sucht er mehr als eine halbe Stunde im dichten Menschengewühl nach ihr, doch sie scheint wie vom Erdboden verschluckt. Immer wieder geht er mit trockener Kehle an der viel befahrenen Hauptstraße entlang, die nur durch einen niedrigen Zaun von dem Flohmarktgelände getrennt ist. Kalter Schweiß steht ihm auf der Stirn, als er sich schließlich zu der Stelle begibt, wo er sein Auto abgestellt hat. Schon von weitem erkennt er Marie an ihrem blonden Schopf und der roten Jacke. Dort steht sie, ans Auto gelehnt, in der Hand Fetzen der Tüte, die einmal prall gefüllt gewesen war. Beinahe vorwurfsvoll erklärt sie: »Papi, warum bist du denn weggelaufen?«

Kindliche Entwicklungsschritte verlaufen oft genug überraschend und manchmal extrem sprunghaft. So kann quasi über Nacht bzw. durch ein einziges »Schlüsselerlebnis« aus einem Angsthasen ein Draufgänger werden – und umgekehrt.

Gut zurückgekehrt

Offensichtlich hat Marie die nicht unkluge Schlussfolgerung gezogen: Wenn ich den Papi nicht finde, gehe ich eben zum Auto. Irgendwann muss er ja dorthin zurückkommen. Als alle wieder wohlbehalten im Auto sitzen, merkt der Vater an der Beklommenheit von Marie, dass sie ganz schön Angst gehabt haben muss.

Trennungsängste

Für Marie aus dem letzten Beispiel ist es nichts Ungewöhnliches, wenn sie stundenlang bei der Oma spielt, im Kindergarten ist oder zwischendurch eine halbe Stunde allein im Haus bleibt. Es sind sozusagen organisierte Trennungen, bei denen sie genau weiß, dass sie nur eine bestimmte Zeit lang andauern. Aber sich in einer riesigen Menschenmenge allein zu bewegen und nicht zu wissen, wann sie ihren Papi wieder sieht, kann für ein Kind im Vorschulalter ein erschütterndes Erlebnis sein. Da Marie aber schon mehrmals im Zoo, bei einer Schulveranstaltung und in der Ferienanlage ausgebüchst ist, hat sie schon eine gewisse Erfahrung mit dem unorganisierten Alleinsein.

Haben Kinder das Alleinsein »gelernt«, also die Erfahrung gemacht, dass nach Phasen der Abwesenheit die Eltern immer wieder zurückkamen und dass verlässlich jemand für sie da war, auch wenn es nicht die geliebten Eltern waren, dann fallen Trennungen leichter.

Das Alleinsein zulassen

Nicht alle Kinder gehen so souverän mit plötzlichem Alleinsein um wie Marie. Und doch sind Trennungserlebnisse und Abschiednehmen grundlegende Voraussetzungen dafür, dass Kinder sich schrittweise in der Welt zurechtfinden. Wenn wir unser eigenes Leben betrachten, sehen wir, dass Trennungen uns bis ins hohe Alter begleiten. Trennungen haben immer zwei Seiten. Sie bedeuten Befreiung von einengenden Fesseln einerseits und andererseits das Gefühl, allein und verlassen auf der Welt zu sein. Doch in der Furcht vor dem Alleinsein liegt immer die Chance zu Wachstum und Reifung. Die Angst vor dem Alleinsein ist eine der stärksten Energien, die Menschen zusammenführt. Gleichzeitig treibt sie uns an, Neues zu erproben, neue Menschen kennen zu lernen und uns aktiv mit der Welt auseinander zu setzen.

Nach Phasen intensiven Kontakts mit der Außenwelt ist es oft ganz gut, zwischendurch wieder allein zu sein, zu sich selbst zu finden und das eigene Verhältnis und Verhalten gegenüber anderen zu überdenken. Auch diese Erfahrung wird Ihr Kind machen, und sie wird sein Selbstbild stärken.

Trennungserfahrungen

Trennungssituationen können recht vielfältig sein, stellen aber im Grunde immer Variationen eines Themas dar.

- Zeiterfahrungen: Für Kleinkinder kann die Abwesenheit der Mutter schon nach wenigen Minuten eine schreckliche Erfahrung sein. Weil sie noch keine Vorstellung von Zeit und Dauer haben, können wenige Minuten eine Ewigkeit bedeuten.
- Sekundentrennungen: Das Krabbelkind Hanna macht sich einen großen Spaß daraus, sich immer wieder hinter dem großen Ledersofa vor der Mutter zu verstecken, um sich mit quietschendem Vergnügen nach wenigen Sekunden bemerkbar zu machen.
- Verlustängste: Stolz sitzt Lucca mit ihren anderthalb Jahren mit einer Babyhalterung auf dem großen Klo, als die Mutter zwischen Zeitunglesen, Finanzamtanrufen und Bügelzimmeraufräumen auf die Straße läuft, um den Eierwagen aufzuhalten. Verzweifelt ruft Lucca vergeblich nach der Mutter, um ihr das Ergebnis ihrer Bemühungen zu zeigen.
- Symbolische Mütter: Der vierjährige Hendrik hatte anfangs große Schwierigkeiten, ohne die Mutter allein zu bleiben, wenn sie ihn zum Kindergarten gebracht hatte. Doch seitdem er seinen Teddybären »Zicky« mitnimmt, passt dieser von einem Spielzeugregal aus gut auf ihn auf. Als eine Erzieherin »Zicky« versehentlich in einen anderen Raum bringt, fließen reichlich Tränen.
- Lebensabschnitte: Der 16-jährige Tim gilt in der Schule als mutiger Draufgänger, der sich vor nichts zu fürchten scheint. Gleich nach dem Schulabschluss kann er eine Ausbildung zum Automechaniker in der nahe gelegenen Großstadt antreten, was er lauthals verkündet. Nur wenige Tage vor dem Beginn der Lehre wird er immer stiller und nachdenklicher. Am Abend bevor es losgeht, umschleicht »unser Großer«, wie die Mutter ihn liebevoll nennt, lange Mamis Fernsehsessel, bis er schließlich herauslässt, was ihm auf der Seele liegt: Seine Mutter möge ihn wenigstens am ersten Tag begleiten.

Die ersten Trennungserfahrungen sind für Säuglinge immer sehr gravierend. Geraten sie durch das plötzliche Erleben des Trennungsgefühls außer sich, brauchen sie viel Zuwendung und Zuspruch, um das Erlebte zu verarbeiten.

Trennungen – ständige Begleiter

Trennungen haben in jeder Altersstufe des Lebens ihren besonderen Charakter. In ihrer frühesten Form treten sie zwischen dem 12. und 18. Lebensmonat auf. Mit dem Krabbelalter beginnen erste kleine Ablösungen. Wenn ein Kind dann seine ersten Schritte auf eigenen Beinen tut, begreift es sich allmählich als eigenständiges Wesen, dem die Mutter nicht immer nahe ist. Kleine Stürze und Verletzungen halten in ihm schmerzhafte Erinnerungen wach, wie zerbrechlich die mühsam erkämpfte Freiheit ist. Das Gefühl, die Welt zu kontrollieren, kann rasch in tiefe Enttäuschung umschlagen, in der sie sich schwach und hilflos fühlen. Je mehr Sicherheit und Ermutigung wir unseren Kindern in der ersten Phase ihrer neuen Unabhängigkeit geben, umso selbstbewusster werden sie ihre ersten selbstständigen Schritte tun.

Ein Kind lernt früh, dass Trennungen von Freunden und der Abschied aus einer gewohnten Umgebung auch positive Seiten haben, dass es etwa nach einem Umzug neue Freunde finden und Neues entdecken kann. Helfen Sie ihm, diese positiven Erfahrungen zu erkennen.

Trennungen müssen verarbeitet werden

Bei jedem neuen Lebensabschnitt sind unsere Kinder immer wieder gefordert, Trennungen zu bewältigen. Ob es der erste Tag im Kindergarten ist, der Schulbeginn, ein Schulwechsel oder der Eintritt ins Berufsleben – immer heißt es von vertrauter Umgebung Abschied nehmen. Aber auch unvermeidbare Trennungen im Familienalltag können tiefe Wunden schlagen. Der Tod der Großmutter, der Auszug eines älteren Geschwisterkindes, vielleicht sogar die Trennung der Eltern und vieles mehr verlangen von unseren Kindern mitunter seelische Schwerstarbeit. Aus diesem Grunde sollten wir unsere Kinder frühzeitig anleiten, wie sie Trennungen als mitunter zwar schmerzhafte, aber notwendige Schritte annehmen lernen. Je mehr Vertrauen Ihr Kind in die familiäre Bindung hat, je sicherer und geborgener es sich fühlt, desto besser kann es mit – anfangs kurzzeitigen – Trennungen umgehen. Dennoch gehört ein Erfahrungs- und Lernprozess dazu, bis es weiß, dass es nicht »in der Welt verloren« ist, wenn es eine Trennung erlebt.

Sanfte und stufenweise durchgeführte Trennungen vermeiden Stress bei Eltern und Kind.

Protest und Verzweiflung

Je nach Temperament und Persönlichkeit durchleben Kinder bei einer Trennung die folgenden drei Entwicklungsstufen unterschiedlich heftig.

- Protestphase: Das Kind stellt wütend und verängstigt fest, dass es von der Mutter oder einer anderen wichtigen Person allein gelassen wird. Es versucht, durch Schreien und Weinen die Verbindung zu dieser Person wiederherzustellen. In erschöpften Pausen ist es kaum ansprechbar oder zu trösten.
- Verzweiflungsphase: Wenn das Kind bemerkt, dass sein Schreien die Mutter nicht zurückholen kann, gibt es – je nach Ausdauer früher oder später – den Kampf auf. Es wirkt ruhiger, ist gefühlsmäßig wenig ansprechbar, scheint an seiner Umgebung nicht interessiert, manchmal apathisch. Eigenartigerweise lässt es sich in dieser Phase auf den Arm nehmen, trösten und beruhigen. Zu Unrecht glauben manche Menschen, dass das Kind sich mit der erfolgten Trennung abgefunden hat und nun das Alleinsein akzeptiert. Tatsächlich empfindet das Kind in dieser Phase tiefe Verzweiflung und Trauer. In diesem Augenblick hat es keine Hoffnung, dass es die Mutter zurückrufen kann.

Eine frühzeitige Gewöhnung an zunächst nur sehr kurze Trennungen hilft, spätere heftige Dramen zu vermeiden.

- Phase der Hoffnungslosigkeit: Wenn sich die ersten zwei Phasen mehrmals und über längere Zeiträume wiederholen, verfestigt sich in dem Kind die Einsicht, dass Schreien und Weinen keine geeigneten Mittel sind, die Verbindung zur Mutter wiederherzustellen. Als ob sich das Kind vor erneuter Enttäuschung schützen möchte, zeigt es keine Freude, wenn die Mutter wieder bei ihm ist. Nur widerwillig lässt es sich von ihr in den Arm nehmen und klammert sich manchmal an anderen Menschen fest.

Vorübergehende Trennungen

Natürlich sagt ein theoretisches Modell nichts darüber aus, wie es dem Kind tatsächlich geht. Ob es die Phasen so erlebt und wie groß der seelische Schaden ist, hängt von vielen Dingen ab. Zeitweilige Trennungen von der Mutter oder den Eltern geschehen ja auch nicht aus böser Absicht, sondern sind oft unumgänglich.

Gerade »verwöhnte« Kinder, denen die Eltern eine Trennungserfahrung möglichst lange ersparen wollen, reagieren mit Unverständnis und besonders heftig, wenn die Mutter oder der Vater sie dann doch einmal allein lässt.

Erzwungene Trennung

Der fünfjährige Jan-Philipp muss sich auf Anraten des Kinderarztes einer zwar ungefährlichen, aber notwendigen Operation in der Leistengegend unterziehen. Aus diesem Grund muss er für ein paar Tage in die nahe gelegene Kinderklinik. Weil der Vater, allein verdienender Bankkaufmann und in verantwortlicher Position, zur Zeit unabkömmlich ist, kommt er als Begleiter fürs Krankenhaus nicht infrage. Die Mutter würde Jan-Philipp gerne begleiten, hat aber ihre kränkliche Tante und sechsjährige Zwillinge zu versorgen. Auch die beiden Großmütter können nicht helfen: die eine, weil sie gerade ins Altenheim gekommen ist, und die andere, weil ihr keiner die weite Reise zumuten möchte. Obwohl sie Jan-Philipp so oft wie nur möglich besucht, er sie jederzeit anrufen kann und im Krankenhaus bei einem liebevollen Stationsteam gut aufgehoben ist, hat die Mutter ein schlechtes Gewissen.

Dazu aber gibt es keinen Anlass. Es ist sicherlich richtig, dass Kinder unter einem Krankenhausaufenthalt manchmal sehr leiden. Genauso richtig ist aber, dass es große Unterschiede gibt. Ob ein Kind so genannte Hospitalismusfolgen davonträgt, hängt von einigen wenigen, aber entscheidenden Faktoren ab.

Schon im Vorschulalter sollten Kinder ab und zu einige Stunden bei Verwandten oder gleichaltrigen Freunden verbringen können, ohne ihr Zuhause schmerzlich zu vermissen.

Trostspender und Kontaktbrücken

Kurzzeitige Trennungen von der Mutter und der Familie können Kinder ab etwa fünf Jahren schon ganz gut aushalten, und zwar umso besser, je mehr dafür gesorgt wurde,

- dass das Kind die begrenzte Zeitdauer des Alleinseins versteht. Kleine Hilfsmittel wie ein übersichtlicher und vielleicht gemeinsam gebastelter Kalender, eine bunte Kinderuhr mit aufgemalten Besuchszeiten und eine Notruf- oder Handynummer helfen, seelische Nöte in Grenzen zu halten.
- dass das Kind sich der Sorge durch die Eltern gewiss ist. Wenn es die zuverlässige Erfahrung macht, dass die Mutter oder der Vater zu bestimmten Zeiten bei ihm ist, fällt es dem Kind leichter, das Alleinsein auszuhalten.
- dass das Wiedersehen und das Abschiednehmen in kleine Rituale eingebunden sind. Ein Begrüßungs- und Abschiedslied, eine Schmuseminute, ein Gedicht für den Teddy oder ein Gebet können bei Kindern kleine Wunder wirken, wenn sie sich vor dem Alleinsein oder einer langen Nacht ängstigen.

Ganz wichtig ist das unterstützende Gespräch, das dem Kind die Sicherheit gibt, dass die Eltern in Gedanken bei ihm sind. Wenn es Ihnen zudem gelingt, Ihrem Kind den Krankenhausaufenthalt als einen wichtigen Schritt zu mehr Selbstständigkeit zu vermitteln, kann die Trennung von zu Hause zu einem bereichernden Erlebnis werden. Vielleicht besteht darin das Geheimnis, dass manche Kinder fast unbekümmert den Aufenthalt überstehen, während andere nur traurig in ihrem Bettchen liegen.

In der Nacht bekommt die Phantasie Flügel, und die Bedrohungen erscheinen übermächtig.

Die Vorstellungskraft führt nachts ein besonders intensives Eigenleben und beeinflusst manchmal die wichtige Erholungsphase, den Schlaf.

Angst und Schlafstörungen

Was sind Schlafstörungen?

In einer Zeit, in der wir uns kaum noch auf unseren »gesunden Menschenverstand« zu verlassen wagen, sehen wir manchmal in kleinen Schlafunregelmäßigkeiten bereits eine Schlafstörung – dabei sind kindliche Schlafunterbrechungen entwicklungsbedingt und kein Anlass zur Sorge. Manche Mütter fragen sich besorgt, was sie nur falsch gemacht haben könnten, wenn ausgerechnet ihr Kind nicht durchschläft. Dazu sollten Sie wissen, dass Kinder ihr sehr persönliches Schlafmuster bereits von Geburt an mitbringen. Kleine Kinder lernen erst allmählich, den Unterschied zwischen Tag und Nacht zu verstehen. Wenn ein Kind bis zum sechsten Lebensmonat regelmäßig nachts aufwacht, nach dem Fläschchen verlangt, die Nähe zur Mutter »erschreit« oder sich mit Blähungen quält, so sind das keine Schlafstörungen. Es sind biologisch bedingte Unterbrechungen der Nacht, die zwar störend, aber keine Störungen sind.

Den Alltag neu ordnen

Sie brauchen während des ersten halben oder dreiviertel Lebensjahrs Ihres Kindes wahrscheinlich viel Geduld und Phantasie, um Ihre Tage und Nächte so zu organisieren, dass Sie den Bedürfnissen Ihres Säuglings gerecht werden können. Denn die Wach- und Schlafphasen Ihres Kindes, die einen beinahe unabhängigen Rhythmus von den Tageszeiten haben, werden Sie kaum beeinflussen können. Diese Schlafunterbrechungen im ersten Lebensjahr sind also völlig normal und sind von eigentlichen Schlafstörungen zu unterscheiden.

Von Schlafstörungen spricht man, wenn das Kind von seinem körperlichen Reifegrad her in der Lage wäre, entspannt einzuschlafen und bis zum Morgen durchzuschlafen, es aber trotzdem schlecht ein- oder durchschläft. Ist das der Fall, sollte nach den Ursachen geforscht werden.

In den allermeisten Fällen haben Schlafstörungen harmlose Ursachen, und Angst spielt dabei mit eine Rolle. Im Folgenden geht es um Schlafstörungen, die auf Angst und angstvollen Reaktionen beruhen.

Mami, ich kann nicht einschlafen

Die häufigsten Schlafstörungen sind Einschlafstörungen, also Störungen, die damit zu tun haben, dass unsere Kinder nicht einschlafen können. Hierbei ist zu unterscheiden zwischen Zubettgehproblemen und verzögertem Einschlafen. Manche Kinder sind ausgefuchste Schauspieler und Meister in der Zeitverzögerung, wenn sie ins Bett müssen. In ihrer überschäumenden Phantasie erzählen sie uns von gemeinen Lehrern, bösen Nachbarn und gefährlichen Krankheiten. Mühelos gelingt es ihnen so, uns von unserer Lieblingsfernsehserie oder einer anderen entspannenden Tätigkeit abzuhalten.

Andere Kinder gehen brav ins Bett, tauchen aber nach kurzer Zeit mit mehr oder weniger dicken Krokodilstränen an der Wohnzimmertür auf oder schreien uns herzzerreißend den Doppelkopfabend zunichte. Wieder andere Kinder schlafen problemlos ein, wachen aber nachts schreiend auf oder wandern im Hause umher. Die Störungen und ihre möglichen Ursachen sind vielfältig und manchmal nicht leicht herauszufinden. Um näher auf sie einzugehen, fehlt hier der Raum. Was aber viele Schlafstörungen verbindet, ist die ihnen zugrunde liegende Angst.

Der Hauptgrund, warum Kinder nicht ins Bett wollen, nicht einschlafen können und – in vielen Fällen – nachts aufwachen, ist die Angst vor dem Alleinsein, vor Dunkelheit oder unzureichend verarbeiteten Tageserlebnissen.

Wenn Kinder nicht ins Bett wollen

Natürlich durchschauen wir das Spiel unserer Kinder, wenn sie pünktlich zur Zubettgehzeit plötzlich Magenschmerzen haben, ihnen einfällt, ihre Puppenstube umräumen oder den Meerschweinchenkäfig noch sauber machen zu müssen. Gerade wenn sie müde und gereizt sind, ist es schwierig, sie mit vernünftigen Gründen von ihren Vorhaben abzubringen.

Manche Kinder schlafen ungern ein, weil sie nicht loslassen, nicht die Kontrolle über ihren Körper verlieren wollen. Sie versuchen, durch Reden wach zu bleiben und den unangenehmen Moment des Einschlafens hinauszuzögern.

Nur zu schnell entsteht aus dem, was die Kinder für wichtig und die Eltern für richtig halten, ein Machtkampf. Abgesehen davon, dass es in einem Machtkampf nur selten Gewinner gibt, versperren wir uns den Blick für die wirklichen Gründe der Verzögerungstaktik unserer Kinder. Besonders die kleineren, die noch nicht zur Schule gehen, sprudeln über vor phantasierten Hexen, scheußlichen Monstern und grässlichen Außerirdischen.

Wir Eltern sollten uns nicht übermäßig anstrengen, den Kindern auszureden, dass irgendwo in ihrem Zimmer ein Gespenst sitzt, dass sie regelmäßig von Geistern besucht werden oder dass sie beim Sprudelholen im Keller eine Hexe gesehen haben. Es ist ziemlich aussichtslos, Kinder durch vernünftige Argumente von ihren Ängsten befreien zu wollen.

Angst gebiert Monster

Kinder fühlen und denken anders als wir Erwachsene. Wenn Kinder von Monstern und Außerirdischen berichten, sind nicht die Fabelwesen die Ursache für ihre Angst. Eher ist es umgekehrt: Die Angstgefühle und Unsicherheiten des Tagesgeschehens »materialisieren« sich in solchen Gestalten.

Gleichwohl haben wir die Ängste unserer Kinder vor diesen Wesen ernst zu nehmen. Sie bilden sich die Gespenster oder Monster nicht ein; in ihrem Empfinden sind sie wirklich und bedrohlich. Das hängt damit zusammen, dass Kinder über die Fähigkeit des so genannten magischen Denkens verfügen.

Kinder, die von Monstern, Geistern und Horrorfiguren berichten, fürchten sich nur vordergründig vor solchen Fabelwesen. Tatsächlich stellen die Phantasiefiguren nur die äußerlich sichtbaren Anzeichen für Ängste und Befürchtungen dar, die unsere Kinder sprachlich noch nicht fassen können.

Magisches Denken

Kinder bis etwa fünf Jahre haben die wunderschöne, aber auch Angst beflügelnde Fähigkeit zu magischem Denken. Sie glauben, dass sie durch ihre Gedanken die Welt verändern können, aber auch, dass die Welt für sie geschaffen wurde. Sie geben Gegenständen Namen, sind fest überzeugt, dass ihr Goldhamster mit ihnen spricht, und haben nicht den geringsten Zweifel, dass sie niemand sehen kann, wenn sie sich die Augen zuhalten. Manchmal glauben sie, dass sie fliegen können, fühlen sich so klein wie eine Ameise oder so groß wie ein Flugzeug.
Sie hauchen den Gegenständen sozusagen die Seele ein, fühlen sich unendlich stark und mächtig, um sich wenige Augenblicke später als klein und hilflos zu erleben. In dieser aufregenden Zeit sind Kinder begeisterte Zuhörer von abenteuerlichen Geschichten, phantastischen Begebenheiten und von Märchen. Insbesondere Märchen sind voll von versteckten Symbolen, Verzauberungen und magischen Kräften. Es liegt auf der Hand, dass diese Art zu denken durch Erlebnisse des Alltags ihren besonderen Ausdruck bekommt.

Das beste Schlafmittel ist eine gute Beziehung zu den Eltern, die dem Kind das Gefühl gibt, dass die Welt trotz ihrer Kompliziertheit in Ordnung ist. So kann es beruhigt in den Schlaf sinken und die Probleme »loslassen«.

Der Tag geht, die Phantasien kommen

Am Abend, wenn es ruhiger und der Himmel dunkler wird, beginnen unsere Kinder, den Tag auf ihre persönliche Weise zu verarbeiten. Dann erscheinen ihnen Fabeltiere und Monsterwesen, die je nach Kind und Situation anders sind. Während die selbstbewussten Kinder sich in ihrer Siegerpersönlichkeit durch gefährliche Kon-

Je kleiner die Kinder sind, umso leichter lassen sie sich beruhigen. Mit dem Erreichen des Schulalters treten jedoch neue, kompliziertere Ängste in das Leben unserer Kinder, die sie stärker beunruhigen können.

kurrenten bedroht fühlen, mögen die eher ängstlichen Kinder sich vor bösen Geistern fürchten, die ihnen die Luft zum Atmen nehmen. So unterschiedlich, wie unsere Kinder, und so vielfältig, wie ihre Erlebnisse sind, so zahlreich sind auch die Symbolfiguren für ihre Ängste. Dennoch sagen die von den Kindern beschriebenen Wesen nichts darüber aus, wovor sich das Kind fürchtet, ob es über die Figuren schwere Konflikte auslebt oder ob eine ernsthafte seelische Störung vorliegt.

Verzögertes Einschlafen

Das verzögerte Einschlafen ist dadurch gekennzeichnet, dass das Kind zwar im Bett liegt und einschlafen möchte, es ihm aber nicht gelingt. Ob das verzögerte Einschlafen überhaupt eine Störung ist, darüber lässt sich streiten. Entscheidend ist, wie störend oder belastend die Eltern und die Kinder selbst die Zeitdauer bis zum Einschlafen erleben.
Während Zubettgehprobleme typisch für das Vorschulalter sind, tritt das verzögerte Einschlafen häufig bei Kindern ab dem Schulalter auf. Während sich Konflikte bei Zubettgehproblemen vorwiegend im Wohn- und Badezimmer bewegen, spielt sich das verzögerte Einschlafen eher im Schlafzimmer ab. Kinder im Vorschulalter, die phantasiereich den Tag verlängern, schlafen meist schnell ein, wenn sie dann endlich im Bett liegen. Bei den etwas älteren Kindern ist es häufig umgekehrt: Sie gehen zwar brav in ihr Bett, können aber dann nicht einschlafen.

Probleme drängen sich ins Bewusstsein

Offensichtlich spielt bei Einschlafstörungen die Veranlagung eine gewisse Rolle, da Kinder, die bereits in früher Kindheit Störungen im Schlaf-Wach-Rhythmus haben, verstärkt betroffen sind. Nicht selten stehen hinter den Einschlafstörungen häusliche Konflikte,

Spannungen unter den Geschwistern, eine bevorstehende Trennung oder Scheidung der Eltern oder Probleme in der Schule. In der Einsamkeit ihres Bettchens, besonders in fremder Umgebung, bei einem Krankenhausaufenthalt oder auf Reisen, fürchten sich viele Kinder vor dem Alleinsein und der fremden Umgebung. Ungewohnte Geräusche, Lichtspiegelungen, fremdartige Gerüche und vieles mehr werden zu bedrohlichen Gefahren umgedeutet.

Angst wird von einer verstärkten Hormonausschüttung begleitet, und die dadurch erzeugte Alarmbereitschaft des Körpers verhindert, dass Kinder sich entspannen und ruhig einschlafen können.

Spannungen und Konflikte

Um innere Ruhe und Entspannung zu finden, brauchen Kinder Sicherheit, das Gefühl, nicht einsam zu sein, auch wenn sie allein sind. Wichtig zu wissen ist, dass nicht unbedingt die Erlebnisse selbst ein Kind beunruhigen, sondern die Ursachen und Auswirkungen, die sich das Kind ausmalt. Wenn wir diesen Gedanken auf schwierige Lebenssituationen oder Konflikte zwischen den Eltern übertragen, bedeutet das, dass wir unseren Kindern Erklärungen schuldig sind. Ihnen Konflikte zu verheimlichen ist weder möglich noch sinnvoll, denn Kinder haben sehr feine Antennen, wenn es darum geht, bedrohliche Spannungen und schwelende Konflikte zu spüren. Wenn wir ihnen die Zusammenhänge erwachsener Konflikte verschweigen, beziehen sie – besonders im magischen Alter – die Schwierigkeiten auf sich selbst. Schwere Schuldgefühle und zusätzliche Ängste können die Folge sein. Es geht nicht darum, dass ein Kind z. B. alles darüber wissen muss, warum der Papi zu einer anderen Frau zieht. Es sollte aber alles wissen, was es braucht, um zu verstehen, dass es keine Verantwortung für die Konflikte der Erwachsenen hat.

Das häufigste Thema bei kindlichen Einschlafproblemen ist die Angst, allzu viel auf den eigenen Schultern tragen zu müssen: von Vater und Mutter allein gelassen zu werden, aufzuwachen und das Leben mit all seinen Problemen allein meistern zu müssen.

Kinder brauchen Erklärungen

Bei anderen häuslichen Problemen, bei Schulproblemen, Konflikten mit Freunden und vielem mehr brauchen Kinder Lösungen und Lösungsangebote. Manchmal ist es ausreichend, wenn sie von einem für sie wichtigen Menschen hören, dass sie bestimmte Dinge aushalten müssen. In einem anderen Fall kann es hilfreich sein, wenn das Kind versteht, warum der Nachbar oder ein Lehrer so unfreundlich ist, auch wenn die Mutter oder der Vater keine Lösung anbieten kann. Die wichtigste Erfahrung für Kinder ist aber die, dass die Eltern sich Zeit nehmen und ihnen zuhören. Indem sie ihre Sorgen aussprechen dürfen, verliert sich manchmal schon ihre Angst, die sie vom Schlafen abhält. Schenken Sie Ihrem Kind also regelmäßig ein offenes Ohr, wenn es von seinen Problemen erzählt.

Angstattacken und Alpträume

Welche nächtlichen Kapriolen Ihr Kind auch immer unternimmt, es handelt aus seiner persönlichen Not heraus und nicht, um Sie zu ärgern. Machen Sie ihm deshalb keine Vorwürfe, sondern versuchen Sie, ihm zu helfen.

Angstattacken und Alpträume zählen zu den so genannten Durchschlafstörungen. Es sind also Störungen, die weder beim Zubettgehen noch beim Einschlafen auftreten. Wenn Kinder regelmäßig nach dem Einschlafen plötzlich heftige Weinkrämpfe bekommen, verstört ins elterliche Bett kriechen oder nach dem Toilettengang nicht wieder einschlafen können, haben wir es offensichtlich mit einer Durchschlafstörung zu tun.

Auch wenn sie auf den ersten Blick ähnlich wirken, sind nächtliche Angstattacken, auch Nachtschreck genannt, völlig anders geartet als Alpträume. Der Nachtschreck stellt sich besonders für junge Familien, die so etwas zum ersten Mal erleben, als ein bedrohliches Ereignis dar. Da Kinder von ihren Eltern auch lernen, wie sie mit Angst umgehen, möchte ich an dieser Stelle auf diese Störung etwas ausführlicher eingehen. Denn nur Eltern, die sich nicht vor dem Nachtschreck fürchten, gehen besonnen damit um, wenn ihre Kinder unter solchen nächtlichen Störungen leiden.

Der Nachtschreck

Der Nachtschreck geschieht sozusagen aus heiterem Himmel und tritt regelmäßig zwischen ein und vier Stunden nach dem Einschlafen auf. Er kündigt sich meist mit einem markerschütternden Schrei des Kindes an. Wenn die Eltern entsetzt an das Bett des Kindes stürzen, finden sie ein zutiefst erschrecktes und ängstliches Kind vor, das mit leerem Blick und manchmal stark schwitzend unverständliche Worte stammelt. Manchmal schlägt das Kind heftig um sich oder scheint vor irgendetwas weglaufen zu wollen.

Auch wenn es so scheint, das Kind ist nicht wach und lässt sich auch nur schwer aufwecken. In den meisten Fällen ist der Nachtschreck so plötzlich vorbei, wie er gekommen ist. Meist hält er nur wenige Minuten an; in seltenen Einzelfällen kann er aber bis zu 30 Minuten andauern. Alle Versuche, das Kind in seiner scheinbaren Not zu beruhigen, sind aussichtslos. Wenn die zutiefst erschreckte Mutter das Kind auf den Arm nehmen will, sträubt es sich dagegen und schreit weiter. Auch wenn es sich herzlos anhört: Sie helfen Ihrem Kind am besten, wenn Sie es in seinem Bett allein lassen und es lediglich mit weichen Kissen vor Verletzungen schützen.

Der Nachtschreck hat seine Wurzeln im tiefen Unterbewusstsein. Meist ist er entwicklungsabhängig und verschwindet genauso überraschend, wie er aufgetreten ist.

Plötzliche Angstattacken in der Nacht – sie sind bei Kindern nicht selten.

Wenn Ihr Kind im Grundschulalter noch immer unter starken Schlafstörungen leidet und Sie die Gründe trotz intensiven Nachforschens nicht in Erfahrung bringen können, sollten Sie professionelle Hilfe in Anspruch nehmen.

So erkennt man den Nachtschreck

Nachfolgend finden Sie zusammengefasst die wesentlichen Merkmale dieser beunruhigenden nächtlichen Störung.

- Nächtliche Angstattacken sind keine seelische Störung und bedürfen bis zum Alter von etwa sieben Jahren keiner fachärztlichen Behandlung. Danach sollten Sie fachärztlichen Rat in Anspruch nehmen, wenn Ihr Kind auch tagsüber verstört oder ängstlich wirkt.
- Angstattacken treten etwa ein bis vier Stunden nach dem Einschlafen auf. Etwa fünf Prozent aller Kinder sind davon betroffen. Da sie in manchen Familien gehäuft vorkommen, ist daraus zu schließen, dass die Veranlagung hierzu vererbt wird.
- Angstattacken sind nicht behandelbar und bedürfen im Allgemeinen auch keiner Behandlung. Sie beruhen auf einem Reifungsvorgang des Gehirns und verlieren sich etwa mit dem Schulalter, in Einzelfällen im Alter von etwa zwölf Jahren.
- Während der Angstattacke können Sie für Ihr Kind nichts weiter tun, als es vor Verletzungen zu schützen und sich danach zu überzeugen, dass alles wieder in Ordnung ist.

Bis zum Schulalter steht der Nachtschreck in keinem erkennbaren Zusammenhang mit seelischen Belastungen. Bei etwas älteren Kindern kann er allerdings ein Hinweis auf eine besondere Belastungssituation sein. Wenn Sie in dieser Hinsicht beunruhigt sind, sollten Sie einen erfahrenen Kinderarzt oder eine Erziehungsberatungsstelle aufsuchen. In wenigen Ausnahmefällen verordnet der Arzt ein leichtes Beruhigungsmittel, das meistens hilft.

Nächtliche Ängste und Alpträume

Im Gegensatz zum Nachtschreck haben nächtliche Ängste und Alpträume durchaus mit beunruhigenden Erlebnissen zu tun. Beim nachfolgenden Beispiel wird die merkwürdige Mischung zwischen Angst um sich selbst und um den Verlust des Vaters nachfühlbar.

Eine Monstermaschine

Jan ist mit seinen fast vier Jahren ein gesundes und lebhaftes Kind, das voller Tatendrang mit seinen Spielgefährten Buden baut, auf Bäume klettert und eine Menge Streiche ausheckt. Jan ist also alles andere als ein übermäßig ängstliches Kind. Eines Tages fährt die ganze Familie zu der neuen Autowaschanlage, in der man im Auto sitzen bleiben kann, während der künstliche Regen auf das Auto niederrauscht. Da die Mutter sich nicht ganz sicher ist, ob sie Jan das feuchte Abenteuer schon zumuten darf, bleibt sie mit dem Kleinen vor der Waschstraße stehen, um dem Kind zu zeigen, dass der Papa unbeschadet auf der anderen Seite aus dem Schacht wieder herauskommt. Doch statt des erwarteten Lerneffektes reagiert Jan überraschend mit heftigen Weinkrämpfen, als er sieht, dass sein lieber Papi mitsamt Auto in dem zischenden und dampfenden Schacht verschwindet. Er klammert sich an die Mutter, der es nur mit Mühe gelingt, ihn zu beruhigen. Wenig später zeigt Jan sich genauso selbstbewusst wie zuvor, und die Angelegenheit scheint ausgestanden. Doch beim Zubettgehen gibt es einige Schwierigkeiten. Erst zögert er das Waschen und Zähneputzen hinaus, dann »pikst die Matraze«, und dann möchte er die Geschichte mit dem blinden Maulwurf gleich zweimal hören. Nach über einer Stunde fallen ihm schließlich vor Müdigkeit die Augen zu.

Ein unerwarteter Schreck kann lange Nachwirkungen haben, wenn Ihr Kind verunsichert ist und das Erlebte nicht richtig einordnen kann. Auch wenn es im Augenblick nicht panisch reagiert, kann Ihr Kind tief betroffen sein.

Anhaltende Auswirkungen

Obwohl es den Eltern nicht entgangen war, dass Jan wegen des schrecklichen Erlebnisses nicht einschlafen konnte, haben sie ihn nicht auf den Vorfall angesprochen. Sie haben klugerweise die Geduld aufgebracht, darauf zu warten, bis er selbst davon spricht. In der Tat hat es wenig Sinn, Kinder in spätabendliche oder nächtliche Diskussionen zu verwickeln. Warten Sie eine entspannte Situation am nächsten Tag ab, in der Sie in Ruhe mit Ihrem Kind sprechen können.

Alpträume sind außergewöhnliche Erscheinungen und rechtfertigen, dass Sie von der normalen Routine im Umgang mit Ihrem Kind abweichen und ihm noch mehr Aufmerksamkeit als bisher schenken. Widmen Sie diesem Problem Ihre ganze Kraft.

Vom Umgang mit Alpträumen

Träume und Alpträume treten in der Zeit des leichtesten Schlafes auf. Die meisten Alpträume haben Kinder zwischen dem dritten und dem vierten Lebensjahr. Es ist die Zeit, in der sie sich intensiv mit ihrer Umgebung auseinander setzen und uns mit ganzen Serien von »Warums« Löcher in den Bauch fragen.
Die folgenden Punkte sollten Sie berücksichtigen, wenn Ihr Kind Alpträume und nächtliche Ängste erlebt.

- Mit der sprachlichen Entwicklung ab etwa dem zweiten Lebensjahr geht eine mitunter rasante Entwicklung der Phantasie einher.
- In dieser Zeit brauchen Kinder Angst mindernde Orientierungshilfen. Manchmal hilft ein Nachtlicht im Kinderzimmer oder eine halb geöffnete Tür.
- Es hat wenig Sinn, nächtliche Krisengespräche zu führen. Hilfreicher sind bewährte Beruhigungsrituale und die Nähe zu den Eltern.
- Versuchen Sie nicht, an die Vernunft Ihres Kindes zu appellieren. Wenn Kinder Angst haben, sind sie ihren Gefühlen ausgeliefert. Gehen Sie am nächsten Tag behutsam auf seine Ängste ein.
- Erlauben Sie Ihrem Kind kleine Grenzüberschreitungen. Auch wenn es normalerweise im eigenen Zimmer schläft, braucht es in angsterfüllten Situationen die Erlaubnis, auch mal zu den Eltern ins Bett kriechen zu dürfen.
- Die zuverlässigste Beruhigung für verängstigte Kinder sind Eltern, die dem Kind Geborgenheit und Sicherheit vermitteln. Beweisen Sie durch Ihre Gelassenheit, dass »Geister« und »Hexen« Sie nicht beeindrucken können. Ihre Stärke ist Ihre Ruhe, die sich bald auf Ihr Kind übertragen wird.

Nachtschreck oder Alptraum?

Neben dem Alptraum ist bei Kindern der bereits erwähnte Nachtschreck zu beobachten. Die folgende Tabelle gibt einen Überblick, wie sich Nachtschreck und Alptraum voneinander unterscheiden.

	Nachtschreck	Alptraum
Was sehen wir?	Der Nachtschreck beginnt meist mit einem durchdringenden Schrei. Das Kind sitzt oder steht in seinem Bettchen, murmelt oder stammelt unverständliche Worte, fuchtelt mit den Armen und scheint vor irgendetwas weglaufen zu wollen. Puls und Atmung sind stark beschleunigt, häufig schwitzt es.	Das Kind weint und wirkt ängstlich, ist weniger in Bewegung, wirkt eher entspannt. Manchmal spricht es, Puls und Atmung sind leicht erhöht.
Wann tritt es auf?	Im Allgemeinen etwa ein bis vier Stunden nach dem Einschlafen. Das Kind wacht unvollständig aus dem Tiefschlaf auf.	Vorwiegend in der zweiten Hälfte der Nacht, wenn das Kind intensiv träumt. Das Kind wacht vollständig auf.
Kann sich das Kind erinnern?	Das Kind hat keine Erinnerung an das nächtliche Geschehen. Es kann sich weder an beunruhigende Träume noch an das Schreien oder an das Umsichschlagen erinnern.	Das Kind kann sich an den Alptraum erinnern. Etwas ältere Kinder erinnern sich an die Trauminhalte und können sie auch wiedergeben.
Wie reagiert das Kind auf die Eltern?	Es nimmt die Mutter oder den Vater nicht wahr, lässt sich nicht beruhigen und wehrt sich gegen körperliche Nähe.	Es reagiert auf die Mutter oder den Vater, lässt sich durch körperliche Nähe, Streicheln und freundliche Worte beruhigen.
Wie schläft das Kind wieder ein?	In der Regel schläft das Kind nach dem Nachtschreck sehr schnell wieder ein, da es normalerweise nicht vollständig erwacht ist.	Nach dem bösen Traum schläft es wegen der Angst, die nach dem Aufwachen weiter bestehen kann, nur schwer wieder ein.
Was können die Eltern tun?	Während der Angstattacke sollten die Eltern das Kind vor Verletzungen schützen, es beobachten und abwarten, bis es sich beruhigt hat. Es hat wenig Sinn, das Kind am nächsten Morgen nach dem Vorfall zu befragen; es kann sich nicht erinnern, wie und warum es sich so verhalten hat.	Nach dem Alptraum brauchen Kinder sehr viel Liebe und Nähe zu den Eltern. Geben Sie dem Kind – auch wenn es schon im Schulalter ist – so viel körperliche Geborgenheit und Wärme, wie es zulassen kann. Eine Nacht im elterlichen Bett kann manchmal Wunder wirken.

In der Schule hat das Kind mit neuen Problemen zu kämpfen, wie Versagensängsten und Leistungsdruck.

Alltagsängste und kindliche Sorgen

Soziale Ängste

Manchmal sprechen wir etwas gedankenlos den Satz aus: »Kleine Kinder – kleine Sorgen, große Kinder – große Sorgen.« Wenn wir uns in die Perspektive unserer Kinder versetzen, hat dieser Gedanke schon eine gewisse Bedeutung. Je älter die Kinder werden, umso mehr beginnen sie, ihre eigenen Wege zu gehen. Dabei ist der Beginn des Kindergartens ein bedeutsamer Anfang. Das Kind macht die Erfahrung, dass die Eltern es vor starken und selbstbewussten Spielkameraden nicht immer schützen können. Manchmal vermisst es die vertraute häusliche Umgebung, die Nähe zur Mutter oder zu seinem Haustier. In der Gruppe muss es sich behaupten lernen, wenngleich die Anforderungen noch spielerisch und die Erzieherinnen meistens geduldig sind. Die Eltern dürfen noch nachsichtig sein, wenn es einmal nicht in den Kindergarten will oder sein Kaninchen heute einmal nicht allein lassen möchte. Mit Eintritt in die Schule ändert sich vieles. Jetzt hat das Kind nicht mehr die Wahl, ob es in die Schule will oder nicht. Es muss sich mit älteren Schulkindern auseinander setzen, darf nicht in der Klasse umherlaufen, soll still sein und muss zuhören.

Beim Wechsel des sozialen Raums von der harmonischen Beschütztheit der Familie in die Welt der Gleichaltrigen treten beim Kind oft Unsicherheiten und Ängste auf.

Neue Erfahrungen, neue Ängste

Manche Ängste aus der Vorschulzeit verlieren sich, während früher kaum wahrgenommene Ängste nun wichtig werden. So verliert sich die Angst vor Trennungen und vor dem Alleinsein mit etwa sechs bis sieben Jahren immer mehr, während die Angst vor der Zukunft, vor anderen Menschen und vor dem Tod deutlich zunimmt. Neue Ängste kommen hinzu, von denen das Kind bisher nichts gewusst hat. Uns Eltern fällt die wichtige Aufgabe zu, den Kindern die Dinge zu erklären, ohne ihnen ihre Ängste ausreden zu wollen.

Wenn Sie Schulkinder fragen, wovor sie sich fürchten, bekommen Sie viele Antworten. Einige davon könnten lauten:

Ich habe Angst,

- wenn ich in der Klasse etwas aufsagen muss.
- wenn ich zu langsam rechne oder schreibe.
- wenn die Lehrerin mich wegen meiner Schrift ermahnt.
- wenn ich ausgelacht werde, weil ich so ungeschickt bin.
- wenn ich von einigen Kindern ausgeschlossen werde.
- wenn ich zum Zahnarzt muss.
- wenn meine Eltern sich streiten.
- wenn ich mit acht Jahren noch ins Bett mache.

Diese Liste ließe sich mühelos um einige weitere Punkte ergänzen. Viele der Ängste größerer Kinder sind soziale Ängste. Darunter verstehen wir Befürchtungen, die mit dem Zusammenleben mit anderen Menschen zu tun haben. Durch die Auseinandersetzung mit Gleichaltrigen nehmen Kinder ihre Rolle in der Gruppe wahr.

Mit zunehmendem Alter können Kinder ihre Ängste und Sorgen besser benennen und haben erste Erfahrungen gesammelt, wie sie mit ihnen umgehen können.

Ältere Kinder brauchen genauso viel Ansprache, Trost und unser Verständnis wie kleine, um den Schulalltag zu bewältigen.

Der eigene Körper ist für die meisten Kinder etwas Selbstverständliches, und kleine Blessuren nehmen sie in der Regel gelassen hin. Trost und Zuspruch bei Stürzen und Verletzungen sind für sie das wichtigste Heilmittel.

Körperbezogene Ängste

Je kleiner die Kinder sind, umso weniger können sie die Vorgänge in ihrem Körper begreifen. Solange die Mutter für angenehme Körpergefühle, Hautnähe und Streicheleinheiten sorgt, scheint die Welt noch in Ordnung zu sein. Doch mit der Entdeckung ihres Körpers beginnen Kinder, sich manchmal vor harmlosen Dingen zu fürchten. So können etwa normale Körpervorgänge Kinder tief beunruhigen. Manchmal erschrecken sie sich vor den eigenen Körperausscheidungen. Wenn ein Kind zum ersten Mal auf dem Töpfchen sitzt und feststellt, dass etwas Großes hervorkommt, kann es befürchten, Teile seines Körpers zu verlieren.

Kleine Verletzungen, großer Schrecken

Marie ist ein phantasievolles Mädchen, das mit unglaublicher Ausdauer Mamas Garderobe als Kleiderkammer missbraucht, an Papas teurer Stereoanlage rumspielt, auf der Spielstraße unumstrittene Königin ist und tanzend die Welt erobert. Wenn sie abends erschöpft ins Bett fällt, zählt ihre Mutter regelmäßig die neuen blauen Flecken, die sie sich tagsüber zugezogen hat. Kleine Rangeleien, Fahrradstürze und Beulen nimmt sie gelassen hin. Als sie neulich der Mutter unbedingt beim Salatschneiden helfen will, passiert es: Marie rutscht mit dem Messer aus und schneidet sich kräftig in den Finger. Wortlos schaut sie die verletzte Hand an. Erst als ein dicker roter Blutstropfen rinnt, fleht sie die Mutter mit gellendem Schreien an: »Mami, Mami, bitte hilf mir, ich verblute!«

Marie ist durch die rote Farbe ihres Blutes so überrascht, dass sie befürchtet, sterben zu müssen, wenn nicht sofort Hilfe herbeigeholt wird. Zu dem Schmerz kommt bei Kindern die Angst, dass sie etwas verlieren, dass sie auslaufen oder Schäden davontragen. Doch Abhilfe ist nicht allzu schwierig. Wir alle wissen von der wundersamen Wirkung eines bunt bedruckten Pflasters und der tröstenden Unterstützung durch die Mutter oder den Vater.

Arztbesuche

Manchmal haben Kinder große Angst vor dem Arztbesuch. Dafür gibt es verschiedene Gründe. Vielleicht erinnert sich das Kind an eine unangenehme Untersuchung, an einen schrecklichen Film, oder es weiß einfach, dass ein Mann oder eine Frau in einem weißen Kittel etwas mit Krankheit, Verletzungen oder gar mit dem Tod zu tun hat. Viele Kinderärzte verzichten deshalb auf den weißen Kittel und gehen sanft, einfühlsam und humorvoll mit den Kleinen um. Aus langjähriger Erfahrung haben sie meist ein gutes Gespür, wie sie Kindern die Angst nehmen können.
Doch letztlich haben die Kinder nicht Angst vor dem weißen Kittel, sondern davor, was Menschen in weißer Berufskleidung ihnen antun können. Es liegt an uns, in den Kindern Bilder von Ärzten, Zahnärzten und vom Krankenhaus zu malen, die weder beschönigen noch ihre Angst schüren. Eltern, die ihren Kindern in guter Absicht nicht die Wahrheit über eine bevorstehende Behandlung oder Untersuchung erzählen, erreichen auf Dauer eher das Gegenteil. So wird sich ein Kind, das sich vor der Spritze fürchtet, betrogen fühlen, wenn ihm erklärt wurde, dass es gar nicht weh tut, es aber dennoch einen Einstichschmerz spürte. Angst ist, wie Sie wissen, die Furcht vor unbekannten Gefahren. Wenn ein Kind aber erlebt, dass die Eltern ihm nicht die ganze Wahrheit sagen, fühlt es sich allein gelassen, weil es beim nächsten Mal befürchten muss, dass es noch schlimmer kommt.

Übertriebene Beschönigungen vor einem Arztbesuch ziehen meist unangenehme Ernüchterungen nach sich. Ein Arztbesuch ist mehr als ein »Kinderspiel«, doch er ist notwendig, und das sollte Ihr Kind wissen.

Gute Vorbereitung ist alles

Deshalb sollten Sie sich die Zeit nehmen, Ihrem Kind notwendige Eingriffe in Ruhe und anschaulich zu erklären. Schon mit der Auswahl der Worte können Sie ihm einen Teil seiner Angst nehmen. Es ist nicht gelogen, wenn Sie Ihrem Kind erklären, dass es einen kleinen Piks bekommt, statt ihm einfach zu sagen: »Du bekommst heute eine Spritze.« Bei einem ängstlichen Kind kann es sinnvoll

Wenn Sie als Eltern eine negative oder skeptische Einstellung gegenüber Ärzten haben, wird sich das mit Sicherheit auf Ihr Kind übertragen. Es wird Ängste und Vorbehalte entwickeln, ohne eigene Erfahrungen gemacht zu haben.

sein, bestimmte Reizwörter zu umgehen und ihm zu beschreiben, was der Arzt mit ihm tut. Je mehr ein Kind über einen bevorstehenden Eingriff weiß, umso selbstverständlicher lässt es sich auf eine Behandlung ein. Scheuen Sie sich nicht, Ihrem Kind in seiner Sprache zu erklären, was passieren kann, wenn es nicht behandelt wird. Kinder werden verstehen, dass eine Kinderlähmung eine unangenehme Sache ist, dass eine Verletzung nach einer Tetanusimpfung ungefährlich oder die Vorsorgeuntersuchung gut für seine Entwicklung ist.

Zwingen Sie Ihr Kind nicht, etwas mit sich machen zu lassen, was ihm heftige Angst macht. Bis auf wenige Ausnahmen ist keine Impfung oder Untersuchung wichtiger als das seelische Wohlbefinden Ihres Kindes.

Suchen Sie sich einen Kinderarzt, der keineswegs oberflächlich, sondern verantwortungsvoll erklärt: »Nicht heute – vielleicht beim nächsten Mal.« Das ist kein Zurückweichen vor der Angst, sondern eine vernünftige Abwägung zwischen dem, was dem Kind hilft, und dem was ihm schadet.

Au Backe, der Zahnarzt

Ein besonders kritisches Thema ist in vielen Familien der Besuch beim Zahnarzt. So mancher Ehekrach spielt sich zum Leidwesen der Kleinen um den Zahnarzttermin ab. Während die Mutter aus Sorge um die seelische Gesundheit des Kindes eher den Zahnarztbesuch hinausschiebt, mag der Vater vielleicht darauf bestehen, dass der faule Milchzahn möglichst schnell behandelt wird. Vielleicht stimmen Sie mit vielen Zahnärzten überein, dass die Behandlung von Milchzähnen in den meisten Fällen überflüssig ist, da sie ohnehin ausfal-

Der Besuch beim Zahnarzt kann nicht so schlimm sein, wenn der Teddy die gleiche Behandlung bekommt.

len. Unabhängig davon spüren Kinder aber die elterlichen Auseinandersetzungen um ihren Milchzahn sehr wohl, auch wenn sie den Streit selbst nicht miterleben. Der Schaden für das Kind könnte größer werden, als ein nicht entfernter Milchzahn.
Dabei sind die meisten Zahnärzte recht geschickt im Umgang mit kleinen und großen Patienten, die sich fürchten. Nicht wenige Zahnärzte verfügen über eine spezielle Ausbildung in Hypnose, unter der sie sogar schmerzfrei Zähne ziehen können.

»Trockenübungen« zur Gewöhnung

Auch beim Zahnarztbesuch spielt die Sprache eine besondere Rolle. Warum erklären Sie nicht Ihrem Kind, das sich vor der Spritze fürchtet, dass der Arzt den Zahn zum Schlafen bringt? Besonders eignen sich phantasievolle Tier- und Naturgeschichten, die in dem Kind schöne Vorstellungen von zwar notwendigen, aber letztlich harmlosen Eingriffen hervorrufen. Eine elegante Möglichkeit, in Kindern Ängste erst gar nicht aufkommen zu lassen, ist der gelegentliche Besuch beim Zahnarzt, ohne dass es etwas zu behandeln gibt.

Kleine Rollenspiele helfen, den Arzt- oder Zahnarztbesuch vorzubereiten. Gewöhnen Sie so Ihr Kind schonend daran, dass es beim Arzt vielleicht einmal piksen kann, doch dass es keine Angst vor Schmerzen haben muss.

Wenn das Kind »nur zum Spaß« im Behandlungsstuhl Probe liegen darf und sich wegen seiner schönen weißen Zähne loben lässt, vielleicht zur Belohnung sogar eine Gummipuppe oder ein Plastikauto bekommt, ist der erste ernsthafte Zahnarztbesuch schon halb überstanden.

Grollende Gewitter, heftige Stürme und andere Naturereignisse können das kindliche Gemüt tief beeindrucken. Hinter diesen gewaltigen Erscheinungen vermutet es oft eine dirigierende Hand, die mit Donner und Blitz die Menschen straft.

Angst vor Gefahren

Je nach ihren persönlichen Erfahrungen fürchten sich Kinder vor zahlreichen Bedrohungen und Gefahren. Ob diese Gefahren tatsächlich bestehen oder ihrer Phantasie entspringen, ist unerheblich. Wenn wir uns in die Welt der Kinder hineinversetzen, dann sieht der schwarze Hund von nebenan nicht nur gefährlich aus, sondern er ist gefährlich. In den Augen der Kinder hat er tatsächlich glühende Augen, Zähne so lang wie Messer und ist schneller als ein Auto. Und die Blitze eines Gewitters sind in ihrer Phantasie nicht nur grelle Lichteffekte, denen schrecklicher Lärm folgt, sondern unheimliche Strahlen, die sie durchbohren und töten wollen.
Besonders nachts, wenn es dunkel ist, erschrecken sich Kinder vor einem ungewöhnlichen Naturereignis wie beispielsweise Lichtblitzen und Donnergrollen. Gerade das Beispiel Gewitter ist sehr schön geeignet, Kinder zu ermutigen, zwischen echten Gefahren, gefährlichen Situationen und nur scheinbar gefährlichen, im Grunde aber harmlosen Dingen zu unterscheiden.

Gewitter beobachten

Wenn ein Gewitter aufkommt, versammelt sich die ganze Familie in der Küche. Die Mutter erklärt ihren Kindern, dass Blitze im Haus ungefährlich sind und dass Blitz und Donner miteinander befreundet sind. Der Vater fügt hinzu, dass der Blitz gleichzeitig mit dem Donner entsteht, der Schall sich aber langsamer als das Licht bewegt. Darum kommt der Blitz zuerst an.

Jeder Blitz wird mit einem lauten »Oh« begrüßt, als wenn der Himmel extra für die Familie dieses wunderbare Feuerwerk veranstalten würde. Sobald der Lichtblitz vorbei ist, zählen alle Familienmitglieder laut: 21, 22, 23. Der neunjährige Sohn weiß, dass der Schall in drei Sekunden einen Kilometer zurücklegt, und die elfjährige Tochter rechnet vor, wie weit das Gewitter entfernt ist. Während die Familie gemütlich zusammensitzt, erzählen die Eltern Geschichten, was sie schon alles im Gewitter erlebt haben.

Sie erklären, wo man vor Blitzen sicher ist – etwa in einem Auto oder im Haus – und was man bei Gewittern nicht tun sollte: etwa unter einem hohen Baum Schutz suchen oder über ein großes Feld bzw. über eine große Wiese laufen. Denn der Blitz sucht einen kurzen Weg zur Erde, und wenn er einschlägt, dann meist in hohe Bäume oder Dinge, die allein stehen.

Wie hier gezeigt, wird das Naturschauspiel zu einem schönen Erlebnis, und die Kinder lernen nebenbei, dass Furcht erregende Ereignisse halb so schlimm sind, wenn sie im sicheren Haus sitzen und die Eltern ihnen erklären, was da vor sich geht.

Kinder, die Opfer schwerer Unfälle, Katastrophen oder Übergriffe geworden sind, sind immer in Gefahr, dass sie von ihrer Angst wieder eingeholt werden. Es hilft ihnen nicht, wenn sie die Situation verdrängen und nicht mehr an sie denken.

Angsterfahrungen durch Unfälle

Kinder, die in einen Autounfall verwickelt waren oder eine andere Katastrophe erlebt haben, tragen ihre Angst, dass so etwas noch einmal geschehen könnte, lange Zeit mit sich herum. Obwohl das Ereignis manchmal Jahre zurückliegt, treten die Angstgefühle immer wieder auf. Nicht selten beschreiben sie ein Gefühl, als wenn sie ständig auf der Lauer liegen.

Die Erinnerung kommt plötzlich und panikartig und gerade dann, wenn sie am wenigsten erwartet wird. Manchmal bekommen solche Kinder aus heiterem Himmel Atemnot, Kopfschmerzen, Panikattacken, Schweißausbrüche usw., als wenn sie das Ereignis eben erst erlebt hätten. Oft sind sie schreckhaft, haben keinen Appetit oder können nicht schlafen.

Schreckliche Erinnerungen

Unglücklicherweise tauchen solche so genannten Flashbacks gerade dann auf, wenn das Kind etwas Angenehmes erlebt und nicht an das Ereignis denkt. Auf Dauer werden diese Kinder daran gehindert, schöne Dinge zu genießen, weil sie befürchten müssen, dass erneut eine solche Panikattacke auftritt. Eine regelrechte Angst vor der Erinnerung kann die Folge sein.

Deshalb braucht ein Kind viel Geduld und Aufmerksamkeit, damit es mit seiner Angst leben lernt. Es empfiehlt sich, fachliche Hilfe bei einem Psychologen, einer Kinderärztin oder bei einer Erziehungsberatungsstelle in Anspruch zu nehmen, da die Eltern mit diesem Problem meist überfordert sind.

Die liebevolle Unterstützung durch die Eltern ist in allen Fällen eine wichtige Bedingung, damit das Kind mit seiner Angst fertig wird. Sie ist das Fundament zur erfolgreichen Verarbeitung von aufwühlenden Erlebnissen.

Das Erlebte verarbeiten

Meist helfen dabei einfache Mittel wie Entspannungstechniken, die weiter hinten in diesem Buch angesprochen werden.

- Legen Sie bestimmte Zeiten und einen vom Kind ausgewählten Ort fest, an dem Sie immer wieder in Ruhe mit ihm über das Ereignis sprechen.
- Lassen Sie Ihrem Kind viel Zeit, seine Empfindungen selbstständig zu formulieren. Verwenden Sie Bilder, Geschichten und kleine Rituale, die dem Kind vertraut sind.
- Führen Sie die Gespräche nicht länger, als das Kind will. Lassen Sie ablenkende Beschäftigungen wie malen, mit einem Würfel spielen o. Ä. zu.
- Fügen Sie kleine Entspannungsübungen ein, oder erfinden Sie Geschichten, in denen andere Kinder etwas Ähnliches erlebt haben und immer besser damit fertig wurden.
- Je besser das Kind mit allen Seiten des Themas vertraut ist, umso weniger brauchen Sie sich mit dem Ereignis selbst zu befassen.
- Deuten Sie die Katastrophe um, etwa indem Sie dem Kind erklären, dass es noch Glück im Unglück gehabt hat.

Angst vor Krieg und Katastrophen

In den letzten Jahren beobachten wir, dass die Medien immer näher an die Ereignisse herangehen. Unter dem Druck der privaten Fernsehsender, die Opfer von Kriegen oder Katastrophen aus nächster Nähe filmen, zeigen auch die öffentlichen Anstalten immer mehr Einzelheiten menschlicher Schicksale. Im Kampf um Einschaltquoten sehen wir inzwischen auch in der »Tagesschau« sterbende Menschen, verkohlte Leichen vor Flugzeugwracks, Hinrichtungen und andere menschliche Leiden. Fast haben wir uns an das Ozonloch, an Reaktorkatastrophen, an brennende Häuser ausländischer Mitmenschen und an Massenkarambolagen gewöhnt. Der Golfkrieg ist uns allen als gigantisches Medienspektakel in Erinnerung; die Leiden der Menschen im Jugoslawienkrieg dienten fast schon zur Ablenkung beim Abendbrot.

Die meisten Nachrichtensendungen sind für Kinder nicht geeignet. Und doch können wir kaum verhindern, dass unsere Kleinen zwischen Kindersendungen in andere Fernsehkanäle schalten und schreckliche Ereignisse mitbekommen.

Schreckensbilder aus dem Fernseher können unsere Kinder kaum noch beeindrucken; sie sehen sie viel zu oft, und würden sie sich nicht einen »dicken Pelz« zur Abwehr zulegen, müssten sie jedes Mal tief bewegt und verstört sein.

Mit Horrormeldungen umgehen lernen

An den Katastrophen können wir nichts ändern. Dass sie bis ins Kinderzimmer herüberschwappen, können wir auch nicht verhindern. Trotzdem müssen wir nicht tatenlos zusehen, wenn Kinder über unbestimmte, unerklärliche Ängste berichten, auf solche Vorfälle mit Bauchschmerzen, Herzrasen und Atemnot reagieren oder sich vor Angst in ihr Zimmer zurückziehen. Auch wenn wir nicht jedes Ereignis erklären können, sollten wir unsere Kinder anleiten, wie sie diese Ereignisse einordnen und mit ihnen umgehen können. Hierzu einige Anregungen.

- Die Medien berichten über Katastrophen und Kriege aus der ganzen Welt. Erklären Sie Ihrem Kind, dass die Ereignisse oft sehr weit weg sind und meistens nur einige wenige Menschen betreffen.

Das reale Erleben einer Kriegs- oder Naturkatastrophe hat mit der medialen Vermittlung dieser Ereignisse nichts gemein; es ist ungleich erschütternder, für Kinder kaum zu begreifen und nur schwer zu verarbeiten, wenn sie unmittelbar betroffen sind.

- Bestärken Sie Ihr Kind in dem Gefühl, dass es die Welt nicht verändern muss und dass es keine Verantwortung dafür trägt, wenn schlimme Dinge geschehen.
- Versuchen Sie, die Ereignisse in Zusammenhängen darzustellen. Kriege, Unfälle und die Verschmutzung der Umwelt passieren nicht einfach, sondern haben Gründe.
- Unterstützen Sie Ihr Kind, wenn es sich von schrecklichen Ereignissen abschirmen möchte. Besonders wenn Sie zu Hause zahlreiche Fernsehsender empfangen können, sorgen Sie dafür, dass es nicht zwischen den Sendern herumschaltet.
- Auch die Umweltzerstörung belastet Kinder. Umweltschutz beginnt im Alltag, und Taten helfen, Angst zu überwinden. Vielleicht legen Sie gemeinsam mit dem Kind einen Komposthaufen an, befreien ein Waldstück vom Wohlstandsmüll oder bauen einen Sonnenkollektor.

Es gibt viele Möglichkeiten, etwas zu tun. Das Wichtigste ist aber auch hier das erklärende Gespräch. Viele Dinge verlieren ihren Schrecken, wenn Kinder verstehen können, was und warum etwas geschieht.

Angst vor dem Tod

Besonders die kleineren Kinder können noch nicht richtig begreifen, was es bedeutet, wenn der Opa gestorben ist; sie verstehen noch nicht, dass jedes Leben einmal zu Ende ist. Ihre an und für sich beglückende Fähigkeit, im Hier und Jetzt zu leben, hindert sie daran, in die Zukunft und über ihren Alltag hinaus zu denken. Das ist auch gut für ihre Entwicklung, denn sie lernen immer nur das hinzu, was sie gerade verstehen können. Ihre erste Begegnung mit dem Tod erleben sie vielleicht dann, wenn ein Vogelbaby aus dem Nest gefallen ist, wenn sie ein totes Insekt entdecken oder wenn ein Haustier stirbt. Für die Eltern sind das gute Gelegenheiten, mit dem Kind darüber zu sprechen, dass jedes Leben begrenzt ist. Der Tod eines nahe stehenden Menschen stellt für ein Kind eine besondere Belastung dar. Wenn es schon etwas darüber weiß, kann es etwas besser damit umgehen.

Gemeinsam trauern

Wenn Kinder vom Tod eines nahe stehenden Menschen überrascht werden oder die Eltern allzu sehr mit ihrem eigenen Schmerz belastet sind, kann sich ein Kind allein gelassen fühlen. Da ihm niemand in dieser Situation genau erklärt, was geschehen ist, kann es sich Vorwürfe machen. Vielleicht meint es, dass es in irgendeiner Weise zum Tod des Großvaters oder der Tante beigetragen hat. Die Folge kann sein, dass es eine tief sitzende Angst vor dem Tod entwickelt und keine richtige Lebensfreude findet. Gerade die Angst vor dem Tod kann eine depressive Grundstimmung hervorrufen, in der viele Lebensbereiche aussichtslos erscheinen.

Der Verlust eines Verwandten ist desto größer, je besser ihn das Kind gekannt hat, je näher er ihm stand. Die Gemeinsamkeit in der Trauer mit Eltern und Geschwistern hilft, über dieses Ereignis besser hinwegzukommen.

Die Erfahrung, dass der Tod untrennbar mit dem Leben verbunden ist, kommt oft erschreckend plötzlich.

Das Ereignis vorbereiten

Wenn nahe Verwandte sterben, stehen nicht nur Kinder vor der schweren Aufgabe, sich von Menschen zu verabschieden, von denen sie sich nicht verabschieden wollen. Fast glücklich können sich Kinder schätzen, die sich wenige Tage vor dem Tod der sehr alt gewordenen Oma oder der lieben Tante in Ruhe von ihrer Verwandten verabschieden konnten. Doch das ist heutzutage nur noch in den seltensten Fällen möglich. Viele ältere Menschen sterben umgeben von moderner Intensivmedizin in der Klinik oder in einem Altenheim. In der verständlichen Absicht, unsere Kinder vor belastenden Situationen zu schützen, halten wir das Sterben von ihnen fern. Doch wie sollen Kinder begreifen, was vor sich geht, wenn sie die liebe Omi erst wochenlang nicht sehen und sie dann plötzlich auf dem Friedhof besuchen? Zeigen Sie etwas mehr Mut, wenn es um das Sterben geht. Ihr Kind muss ja nicht in der Todesnacht dabei sein, aber warum sollten Kinder den lieben Verwandten nicht wenige Tage vorher noch einmal sehen? Eine letzte Begegnung etwa mit den Enkelkindern kann es auch für den Sterbenden leichter machen, sich vom Leben zu verabschieden.

Der Verlust eines Elternteils ist gerade für ein Kind eine schwerwiegende Traumatisierung. Oft beginnt sich erst nach ein paar Wochen das Ausmaß der Trauer abzuzeichnen, und professionelle Hilfe wird nötig.

Ein Abschied, der schwer fällt

Für den Fall, dass die Mutter oder der Vater verunglückt oder aus anderen Gründen viel zu früh stirbt, gibt es kein Patentrezept. Die Belastung ist für alle Familienmitglieder so erheblich, dass professionelle Hilfe nötig ist. Neben psychologischer Beratung und Familienhilfe gibt es auch seelsorgerische Hilfe durch Geistliche und andere einfühlsame Menschen, die einem sinnlosen Tod einen Sinn geben können.

Angesichts des schrecklichen Gefühls, mit den Überlebenden allein auf der Welt zu sein, brauchen Kinder sehr viel Zeit und Liebe, um den jähen Tod einer wichtigen Person zu begreifen. Lassen Sie den verstorbenen Menschen eine Weile in der Phantasie Ihrer Kinder weiterleben. Gehen Sie so oft wie möglich zu seinem Grab, und sprechen Sie mit ihm, als wenn er noch lebte. Sagen Sie ihm, was Sie ihm noch alles sagen wollten, und bedanken Sie sich für alles, was er für Sie und Ihr Kind getan hat.

Den Blick nach vorn richten

Regelmäßig wiederholte Rituale wie dieses sind eine gute Möglichkeit, sich allmählich von dem geliebten Menschen abzulösen. Doch bei alledem vergessen Sie nicht, Ihrem Kind oder Ihren Kindern zu erklären, dass es ein Abschied für immer ist und dass das Leben weitergeht.
Erinnern Sie sich gemeinsam an die schöne Zeit, aber beschließen Sie die Gedanken immer in dem Bewusstsein, dass diese Zeit endgültig vorüber ist.

Ein langes und intensives Gedenken an das Vergangene ist im Fall eines schweren Verlustes nötig, doch schlussendlich gilt es, die Orientierung für die Zukunft nicht zu verlieren.

In schwierigen Lebenssituationen ist es wichtig, Kindern das Gefühl zu geben, dass man für sie da ist.

Schnell gewinnen Gleichaltrige an Bedeutung, und der Einfluss der Familie wird schwächer.

Soziale Angst und Unsicherheit

Wenn aus Kindern Leute werden

Bisher haben wir uns mit kindlichen Ängsten befasst, die von bestimmten, konkreten Gefahren und Bedrohungen ausgingen. Die Liste dieser Ängste ließe sich natürlich noch weiterführen. So fürchten sich manche Kinder vor Dunkelheit, Spinnen, Krankheiten, Brücken, vor Hagel, dem Autofahren oder vielem mehr. Letztlich sind diese Ängste alle nur Variationen eines großen Themas, das mit der Furcht vor unbekannten und beunruhigenden Dingen zusammenhängt. Doch wenn Kinder zu jungen Frauen und Männern heranwachsen, bekommen andere Ängste, die in diesem Kapitel kurz angesprochen werden, größere Bedeutung.

Soziale Ängste sind Ängste, die uns als Menschen im Zusammenleben betreffen. Je mehr Kinder sich aus der vertrauten Umgebung ihres Elternhauses ablösen, desto mehr sind sie darauf angewiesen, sich im Zusammenleben mit anderen Menschen zu behaupten. Bis Kinder und junge Menschen sich als Erwachsene fühlen dürfen, sind sie zahlreichen seelischen Bedrohungen ausgeliefert.

Die Umorientierungsphase des Heranwachsens, wenn unsere Kinder sich vom Kindsein verabschieden und sich äußerlich wie innerlich deutlich verändern, ist für sie selbst eine der schwierigsten Phasen. Hier ein kurzer Ausblick auf diese Phase.

Mit dem Heranwachsen verblasst das Vorbild Elternhaus, die Anerkennung bei den Gleichaltrigen wird immer wichtiger. Viele junge Menschen sind unsicher, wollen ein bestimmtes Bild von sich vermitteln und versuchen krampfhaft, diesem Bild gerecht zu werden.

Was Heranwachsende bewegt

Von allen Lebensabschnitten ist die Zeitspanne von der Vorpubertät bis zum Erwachsenenalter wohl die stürmischste und aufregendste, die wir in unserem ganzen Leben erfahren. Zahlreiche Ängste, von denen Kinder nicht einmal zu träumen wagten, quälen junge Menschen manchmal auf übelste Weise. Viele ihrer Ängste sind fragende Ängste: Wer bin ich? Wie wirke ich auf andere? Wie sehe ich aus? Werde ich geliebt? Lehnen mich die Leute wegen meiner Pickel ab? Die Angst junger Menschen spielt sich weniger in den Köpfen als sozusagen zwischen den Köpfen ab. Bei Jungen zielen ihre Fragen und Sorgen deutlich in die Richtung, wie sie auf ihre Mitschüler, die Freunde im Sportverein und vor allem auf Mädchen wirken. Mädchen durchleben diese Phase vielleicht etwas selbstbewusster und äußerlich weniger dramatisch. Ihre Ängste sind zwar genauso heftig, doch die Inhalte bewegen sich meist eher um Fragen zu ihrer späteren Rolle zwischen Beruf und Mutterschaft.

In der Gruppe den richtigen Platz zu finden, sich wohl zu fühlen und akzeptiert zu sein, das ist eine Zeit lang die wichtigste Aufgabe und kann alle Energie eines Kindes, das zum Jugendlichen heranwächst, absorbieren.

Jugendliche Ängste

Jugendliche Ängste sind Ängste von jungen Menschen an der Schwelle zwischen Kindheit und Jugend. Zwar finden wir den Begriff in keinem Lexikon, doch können Sie sich sicherlich etwas darunter vorstellen. Sie erinnern sich an den etwas vorlauten Tim von Seite 31, der sich vor nichts zu fürchten scheint. Der große Draufgänger umschleicht am Vorabend zum Antritt seiner Lehrstelle den Stuhl der Mutter, um sich ihrer Nähe zu versichern.

Bewährung in der Gruppe

Junge Männer und Frauen, die eigentlich noch Kinder sind, tun sich schwer damit, sich ihre Angst vor der Zukunft und vor – für uns Erwachsene – fast alltäglichen Dingen einzugestehen. Hinzu kommt erheblicher sozialer Druck durch Freunde und Mitschüler, die jede Abweichung von selbst gesetzten Regeln streng überwachen. Junge Menschen im Pubertätsalter reagieren hoch sensibel auf Flecken in der Kleidung, auf einen schlecht überschminkten Pickel oder auf einen ungeschickt geäußerten Gedanken ihrer Altersgefährten. Mit heftiger Kritik und beißendem Spott treiben sich Jugendliche mitunter zu Höchstleistungen, zu gefährlichen Abenteuern oder zu unsinnigen Mutproben an. Um von denen, die in der Gruppe den Ton angeben, wenn schon nicht geliebt, so doch beachtet zu werden, lassen sich einige Jugendliche auf grausame Spiele ein. Vom so genannten Kampftrinken über S-Bahn-Surfen, Drogenkonsum, waghalsige Fahrten mit gestohlenen Autos, schwarze Messen bis hin zu sexuellen Ausschweifungen scheint manchen jungen Menschen fast jedes Mittel recht zu sein, um akzeptiert zu werden.

Über die Stränge schlagen, einen draufmachen, so richtig vom Leder ziehen – den anderen und sich selbst beweisen, was in einem steckt, kann zu gefährlichen Situationen führen. Wenn Kinder älter werden, überschreiten sie Grenzen und verlassen das Gebiet fürsorglicher Bevormundung.

Auswüchse sind nicht die Regel

Doch zum Glück ist es nicht das Gros der Jugendlichen, die bereit sind, ihre Gesundheit oder gar ihr Leben zu gefährden, um in bestimmten Kreisen anzukommen.
Die Ängste Jugendlicher drehen sich also nicht um ihren Platz in der Gruppe, um Unabhängigkeit von den Eltern, um Leistungen und um Versagen. Mit Beginn der Pubertät kommen körperbezogene Selbstzweifel und Ängste vor dem anderen Geschlecht noch hinzu.

Zwischen Eltern und Gleichaltrigen

Gerade in diesem Alter brauchen uns die Kinder besonders. Doch aus dem Blickwinkel der jungen Leute sind die Eltern nicht mehr so wichtig, wissen nicht alles und machen ihre Drohungen nicht wirklich wahr. Mit zunehmendem Alter treten die Wertvorstellungen der Eltern zurück, und die Gruppe oder die Schulkameraden erklären nun, was wichtig und was »angesagt« ist. Etwas hilflos müssen wir mit ansehen, wie sich unsere Kinder in die »Falschen«

Verständnis für die sich wandelnden Bedürfnisse, Ansprüche und Probleme Heranwachsender sichert den Kontakt zwischen Eltern und Kindern.

verlieben, sich wegen ihres »Pickelgesichts« verspotten lassen oder sich wegen einer nebensächlichen Körperanomalie als »Spasti« beschimpfen lassen müssen. Wir können unsere kleinen Erwachsenen, deren Zimmer manchmal noch mit Teddybären voll gestopft sind, nicht vor dem Leben schützen. Entscheidend aber ist, dass wir den Kontakt zu ihnen halten.

Junge Menschen lassen sich auf ihrem Weg in die Selbstständigkeit nicht aufhalten. Wenn wir Eltern das versuchen, werden sie entweder zu unselbstständig oder zu risikofreudig. Der beste Schutz vor einer gefährlichen Entwicklung ist, wenn wir sie auf dem Weg in die Zukunft freundschaftlich begleiten, ohne sie einzuengen. Doch manchmal ist es sogar schwierig, mit diesem einfachen Hilfsangebot bis zu ihnen durchzudringen. Auch wenn zwischen Ihnen und Ihrem Kind immer ein gutes Verhältnis bestanden hat, kann sich das in dieser Zeit ändern; halten Sie gerade dann Ihr Angebot bedingungslos aufrecht.

Es ist nicht so, dass in dieser Sturm-und-Drang-Phase die Kinder für wohlmeinende elterliche Ratschläge nicht empfänglich wären, doch besserwisserische Bevormundung lehnen sie ab.

Unnötige fürsorgliche Einengung

Wenn wir unseren Kindern aus Sorge, dass sie falsche Wege gehen, Vorschriften machen oder vorgeben, immer die besseren Lösungen für ihre Schwierigkeiten zu wissen, werden wir sie verlieren. Sie werden immer weniger auf unseren Rat hören und sich zunehmend auf die Meinung ihrer Freunde verlassen. Damit wir nicht auch noch ihre Liebe verlieren, sollten wir sorgfältig zwischen Begrenzungen, die wir ihnen auferlegen, und Freiheiten, die wir ihnen gewähren, abwägen. Erwachsen werden bedeutet ja nichts anderes, als selber entscheiden zu lernen. Indem die jungen Menschen Warnungen und Ratschläge der Eltern mit ihren eigenen Erfahrungen vergleichen, finden sie ihr persönliches Gleichgewicht zwischen vorsichtigem Herantasten und selbstbewusstem Drauflosgehen. Söhne und Töchter mit 15 oder 16 Jahren lassen sich kaum noch sagen, wie sie ihr Leben zu führen haben und wo Grenzen sind. Das bringt viele Eltern in eine schwierige Lage.

Eltern, die ihre Kinder lieben, bewegen sich bei der Erziehung auf dem schmalen Grad zwischen Verbieten und Gewähren. Ihre Beziehung zu ihrem Kind ist die dünne Nabelschnur, durch die sie es seelisch versorgen. Doch nicht die Liebe allein ist der Maßstab für die ein oder andere Entscheidung, sondern auch die Erfahrung.

Aus Liebe verbieten?

Damit Ihr Kind Sie lieben kann, obwohl – oder vielleicht gerade weil – Sie verbieten, hier einige Anregungen.

- Erklären Sie Ihrem Sprössling, dass Ihre Verbote aus Sorge um seine Entwicklung und nicht aus Schikane geschehen. Damit er Ihnen das glauben kann, sollten Sie in weniger brisanten Fragen auch mal großzügig sein. Trinken Sie getrost mit Ihrem 16-jährigen Sohn vielleicht einmal ein schönes Bier, statt ihm jeglichen Alkoholkonsum zu verbieten. Erlauben Sie Ihrer Tochter, eine Stunde länger auf der Party zu bleiben.
- Sprechen Sie keine Verbote aus, die Sie ohnehin nicht kontrollieren können. So werden Sie sexuelle Kontakte Ihres heranwachsenden Kindes kaum verbieten können, aber Sie können ihm ohne erhobenen Zeigefinger Rat geben, was AIDS-Gefahr und Verhütung angeht.

- Sprechen Sie über Ihre Besorgnis, wenn Sie erfahren, dass Ihr Kind raucht oder gefährliche Drogen konsumiert. Machen Sie sich schlau! Bei den Erziehungs- und Drogenberatungsstellen treffen Sie auf gut ausgebildete Therapeutinnen und Therapeuten, die Sie kompetent beraten. Statt zu verbieten, sprechen Sie mit Ihrem Kind über die Gefahren.
- Kommen Sie Ihrem Kind nicht mit Moral. Darauf reagieren die meisten Jugendlichen allergisch. Wenn Sie von irgendetwas abraten oder es verbieten, brauchen Sie sich nicht zu rechtfertigen. Doch machen Sie nicht den Fehler, mit Ihren Moralvorstellungen auf die Moral Ihrer Kinder einwirken zu wollen. Das kann nur schief gehen.
- Setzen Sie Grenzen, die es unbedingt und ohne Ausnahme einzuhalten gilt. Bevor Sie sich aber so eindeutig festlegen, prüfen Sie, ob Sie das Verbot durchsetzen und den Widerspruch Ihres Kindes aushalten können. Die meisten Jugendlichen sind sehr ehrlich zu sich selbst und verabscheuen jegliche Form der Bevormundung.

Meist helfen Geschichten aus der eigenen Kindheit: Teilen Sie Ihrem Sprössling die Erfahrungen mit, die Sie selbst in der Lebenssituation, in der er oder sie sich jetzt befindet, gemacht haben – ohne moralischen Zeigefinger.

Wenn Sie Ihr Kind beim Rauchen ertappen, helfen Moralpredigten in den seltensten Fällen.

Wenn Sie aber gute sachliche Gründe haben und dem Kind erklären, warum Sie etwas nicht wollen, sollten Sie den Mut zum Verbieten aufbringen. Durch gut begründete Verbote fühlen sich die meisten Jugendlichen ernst genommen und geborgen.

Verbote als Zeichen

Manche Positionen sollten Sie nicht aufgeben und konsequent mit einem elterlichen Verbot belegen, auch wenn Sie Ihrem Kind immer sehr viel erlaubt haben – zumindest nach Ihrem Verständnis. Diese letzte Bastion sollten Sie aber sorgfältig erwägen.

Ich mache immer wieder die überraschende Erfahrung, dass Kinder mit Verboten, die auszusprechen uns viel Überwindung gekostet hat, gut zurechtkommen. Kinder jeden Alters lehnen Erwachsene keineswegs ab, wenn sie ihnen Grenzen setzen. Auch wenn Ihr Sprössling noch so heftig und lautstark protestiert – letztlich wird er Ihnen dankbar sein, dass Sie um seine Sicherheit besorgt sind. Wenn Sie ein Verbot lockern, aufheben oder ändern wollen, entscheiden Sie nach Ihrem eigenen Gefühl. Das Aussprechen eines Verbots kann ohnehin nicht mehr als ein Signal sein. Kinder und junge Menschen haben tausend Möglichkeiten, unsere Entscheidungen zu unterlaufen oder sie nur vordergründig zu befolgen. Bevor Sie sich mit Ihrem Kind über den Sinn eines Verbots endlos streiten und in einen für alle schädlichen Machtkampf geraten, heben Sie das Verbot lieber auf. Ihr großes Kind wird es Ihnen nicht als Schwäche, sondern als verantwortungsvolle Entscheidung anrechnen.

Verantwortung übertragen

Liebe kann auch bedeuten, ein Verbot gegen ein gutes Gespräch einzutauschen und die Verantwortung für eine Handlung an das Kind zurückzugeben. Denn Erziehung ist letztlich nichts anderes, als Kinder schrittweise an die Selbstverantwortung heranzuführen.
Gerade dann, wenn Sie die Erziehung Ihres Kindes immer ernst genommen haben, wird es registrieren, dass Sie es nicht grundlos überwachen, sondern dass Verbote und Einschränkungen einen Sinn haben. Damit hat es einen großen und wichtigen Schritt in die selbstverantwortliche Freiheit getan.

Schule und Angst

Aus der therapeutischen Arbeit mit Suchtkranken, verhaltensauffälligen oder essgestörten Patientinnen und Patienten wissen wir, dass der Schulbeginn für viele Kinder eine extreme Belastung darstellt. Dabei sind es bei der Einschulung nicht die Lernanforderungen, die Kinder so tief berühren, sondern das Erlebnis, anders zu sein. Was in der fast heilen Welt des Kindergartens kaum eine Rolle spielte, wird nun zum zentralen Thema. Schichtunterschiede und die häuslichen finanziellen Verhältnisse treten deutlicher als bisher hervor. Wer hat die beste Kleidung, die teuerste Schultasche, das interessanteste Spielzeug zu Hause, was machen die Eltern beruflich? Das alles sind neue und beunruhigende Fragen, die Kinder sich in dieser Klarheit vorher nicht gestellt haben. Wenn Ihr Kind also verunsichert oder gar etwas verstört aus der Schule zurückkommt, zeigen Sie ihm mit Worten und Ihrem Verhalten, dass es so, wie es ist, normal ist und keine Grund hat, sich vor anderen zu schämen.

Die Schule ist Angstproduzent Nummer eins, gerade in der meist schwierigen Eingewöhnungsphase. Doch Menschen sind zutiefst soziale Wesen, und Abschottung und Einzelgängertum sind immer die schlechtere Alternative.

Sich in der Gruppe zurechtzufinden ist wichtig und für junge Menschen eine große Herausforderung.

Soziale Schichtung

Gut ausgebildete Lehrerinnen und Lehrer wissen zwar die sozialen Unterschiede zwischen den Kindern freundlich zu übersehen und, so gut es geht, auszugleichen. Doch letztlich können sie nichts daran ändern, dass unser Schulsystem vom Schicksal ohnehin begünstigte Kinder bevorzugt. Kinder mit schlechten Startchancen sind dadurch von vornherein benachteiligt. Auch das mögen wir vielleicht beklagen, doch ändern können wir an den sozialen Unterschieden nichts. Es gibt nun einmal Familien, in denen vor Schulantritt schon klar ist, dass das Kind Abitur macht und studiert, obwohl es nicht schlauer als andere ist. Und es gibt Familien, in denen ein hochintelligentes Kind sich nicht die geringsten Hoffnungen zu machen braucht, je etwas anderes als einen Hauptschulabschluss zu erreichen.

Anforderung und Leistung

Kinder leiden je nach Persönlichkeit unterschiedlich stark unter dem Gefühl, anders zu sein. Wir Menschen streben nach Harmonie und Dazugehörigkeit. Weil wir aber alle unterschiedlich sind und unterschiedliche Erwartungen haben, können Harmonie und Gruppengefühl nicht mehr als ein Ziel sein.

Solche Unterschiede machen Angst. Abgestuft gibt es diese Angst jedoch auf allen Ebenen. Kinder und Jugendliche in den besser gestellten Familien bleiben keineswegs von Abwertung, Auslachen und Verspotten verschont. Vielleicht leiden sie sogar noch mehr unter neidvoller Ausgrenzung als Kinder aus Familien, bei denen Konflikte auch mal mit Handgreiflichkeiten »gelöst« werden.

Die Lernanforderungen spielen bei der Einschulung noch nicht eine so große Rolle. Doch bereits beim spielerischen Lernen fühlen sich weniger selbstbewusste Kinder unterlegen. Andererseits können sich ängstliche Kinder durch schulische Leistung viel Zuwendung holen, die sie sonst nicht bekommen würden. Einmal abgesehen von den unterschiedlichen Gründen, warum Kinder mehr oder weniger motiviert sind, schulische Leistungen zu erbringen, wird eines deutlich: Schule ist ein beinhartes Leistungsgeschäft, in dem frühzeitig zwischen Spreu und Weizen geschieden wird. Die Freude am Lernen, die Neugier auf Wissen, der Spaß an interessanten Dingen, das alles lernen Kinder bereits in den ersten Schulmonaten. Doch genauso lernen Kinder am Anfang die Angst vorm Versagen, vor Überforderung und vor Zurückweisung. Wenn Kinder bereits in den ersten Klassen mit Magenschmerzen zur Schule gehen, ist da etwas faul. Das sollten Sie nicht hinnehmen. Sprechen Sie mit der Klassenlehrerin oder dem Klassenlehrer, oder gehen Sie zu einer Erziehungsberatungsstelle.

Die Macht des Angstgefühls

Unter Anspannung, bei psychischem Stress und im Zustand der Angst findet eine verstärkte Hormonausschüttung statt, die den Körper für einen Kampf oder die Flucht vorbereitet. Das führt dazu, dass der Verstand sozusagen in die Beine oder in die Arme wandert. Das ist in vielen Fällen der Grund dafür, warum Kinder beim Aufsagen eines Gedichts oder bei einer Arbeit trotz guter Vorbereitung versagen.
Diese kurzfristigen Blockaden können sich festsetzen. Bei entsprechend negativen Erfahrungen versagt dann etwa das Gedächtnis immer, wenn der Lehrer das Notizheft zückt und Vokabeln abfragt.

Kinder, die sich im schulischen Alltag überfordert fühlen, leiden nicht nur unter den fast mörderischen Anforderungen, die sie sich selbst stellen, sondern vor allem an den Erwartungen, die wir von außen an sie richten.

Angst vor dem Versagen

Nach den ersten zwei Schuljahren geht es auf den meisten Grundschulen schon richtig zur Sache. Oft wechselt der Lehrer, und das spielerische Lernen spielt kaum noch eine Rolle. Stoffpläne müssen eingehalten werden, und manche Schüler bekommen Förderunterricht – eine vornehme Umschreibung der Auswirkung, dass Kinder an den Rand des Klassenverbandes gedrängt werden. In unserer vielfältigen Lebenswelt wird zum Glück kein Kind mehr absichtlich wegen schlechter Leistungen, einer Zahnspange oder seines russischen Tonfalls durch Pädagogen ausgegrenzt – aber dennoch passiert es. Zum Geburtstag werden ins Elternhaus nur die Kinder eingeladen, die »zu uns passen« – man bleibt unter sich.
Spätestens ab Ende der vierten Klasse beginnt ein fast brutaler Auswahlkampf zwischen Schulformen, Leistungsverhalten und elter-

licher Lebensplanung. Denn nicht immer stimmen die ehrgeizigen Pläne der Eltern mit den Fähigkeiten und den Wünschen der Schülerinnen und Schüler überein. So sollte die Entscheidung, ob ein Kind mit einer Empfehlung für die Realschule aufs Gymnasium geht, reiflich überlegt werden. Wenn Kinder nicht so wollen oder können, wie die Eltern es sich wünschen, leiden sie häufig an Kopf- oder Magenschmerzen, an Schwindelgefühl, an Durchfallerkrankungen und zahlreichen anderen psychosomatischen Beschwerden.

Die Entscheidung der Klassenfreunde mag auch den Wunsch Ihres Kindes nach einem bestimmten weiterführenden Schultyp beeinflussen, doch sollten Sie sich in erster Linie an seinen Leistungen und an der Einschätzung der Lehrer orientieren.

Wohl überlegt entscheiden

Sinngemäß trifft das natürlich auch auf die Kinder zu, die mit Hilfe eines Computers, einer Playstation oder eines anderen hübschen Spielzeugs überredet werden, zur Realschule zu wechseln. Auch wenn es manchmal so aussieht: Der Klassenlehrer und das Schulkollegium treffen eine Empfehlung kaum, weil sie einen Schüler oder seine Eltern nicht leiden mögen. Es sind fachlich fundierte Urteile, die sich kein Lehrer leicht macht. Bei Ihrer Entscheidung über die Schulform sollten Sie berücksichtigen, dass Empfehlungen, die Mädchen betreffen, etwas zuverlässiger sind als bei Jungen. Das liegt daran, dass Mädchen in ihrem Leistungsverhalten nicht so sprunghaft wie Jungen sind. Insbesondere während der Pubertät sind bei Jungen Lernschwankungen sehr ausgeprägt.
Ausgerechnet in diese Zeit des körperlichen und seelischen Umbruchs, in der die Kinder mit sich selber zu kämpfen haben, fällt der Wechsel zum Gymnasium, zur Realschule oder zur Hauptschule. Es ist unschwer nachzuvollziehen, dass darin eine zusätzliche Quelle für Versagensängste liegt.

Reifungsängste

Dieser Begriff meint Ängste, die mit der körperlich-seelischen Entwicklung während der Pubertät zusammenhängen. Denn die Zeit zwischen dem Ende der Kindheit und dem Beginn des Erwachsenseins ist von stürmischen Veränderungen geprägt, die Kinder zutiefst verunsichern und ängstigen. Störungen aller Art liegen sozusagen auf der Lauer. Von depressiven Verstimmungen über Suchtprobleme und Essstörungen bis hin zu sozialer Verwahrlosung ist fast alles möglich. Natürlich sind nicht alle psychischen Probleme auf schulische Schwierigkeiten zurückzuführen. Doch wenn ein Kind herumstreunt, frühe und häufige sexuelle Begegnungen hat, Drogen oder Alkohol nimmt oder sonst psychisch auffällig ist, sollten Sie sich auch die Schulsituation ansehen.

Der Übergang von der Kindheit zum Erwachsensein ist von heftigen Ängsten und Gefahren begleitet, die sich in Verhaltensstörungen, auffälligem Alkohol- oder Drogenkonsum oder in psychischen Problemen zeigen können. Kinder brauchen ihre Eltern in dieser gnadenlosen Zeit mehr denn je. Vorwürfe, Moralpredigten und übertriebener Ehrgeiz können Kinder in schwere seelische Not und manchmal sogar in die Selbstaufgabe treiben.

Schulisches Versagen und soziale Entgleisungen stehen oft in einem komplizierten Wechselverhältnis miteinander, und es ist wichtig, dieses Problem von beiden Seiten her gleichzeitig anzugehen.

Suchtprobleme entstehen häufig durch soziale Missstände, aber auch durch mangelndes Selbstvertrauen.

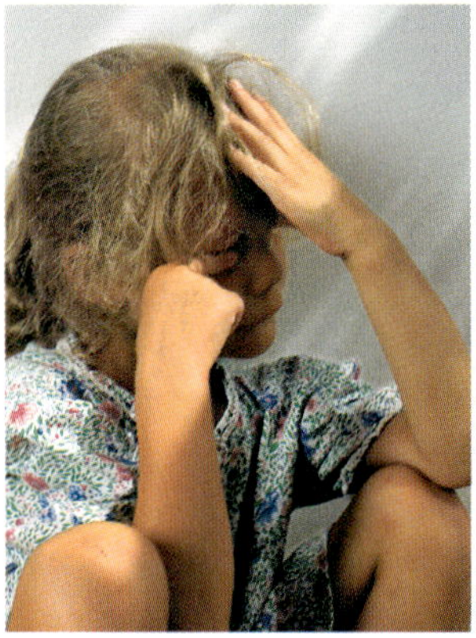

Ist das Kind verängstigt, gilt es herauszufinden, woran das liegt. Nur so ist Abhilfe zu schaffen.

Ängste erkennen

Reale Ängste

Bislang war meist von Gefahren die Rede, die von außen kamen. Mal fürchten Kinder sich vor einem Gewitter, dann vor einem Hund, ein anderes Mal vor dem Zahnarzt oder vor einer Spritze. Wir sprechen von Realangst, wenn wir konkrete Dinge meinen, die kleinen und großen Kindern Angst machen.
Ich möchte Sie in diesem Kapitel mit einigen Ideen vertraut machen, wie Sie mit Ihren Kindern gemeinsam solche Ängste bewältigen können. Zunächst möchte ich jedoch auf die nichtrealen Ängste etwas näher eingehen, da sie ihr Unwesen auf allerlei Weise treiben und schlimme Folgen haben können.

Nichtreale Ängste

Ungewohnte Ängste rufen außergewöhnliche Verhaltensweisen hervor. Benimmt sich Ihr Sprössling frappierend anders als sonst, sollten Sie nachforschen.

Im letzten Kapitel wurde bereits angedeutet, dass schulische Schwierigkeiten und elterlicher Ehrgeiz Kinder überfordern und in eine ausweglose Lage treiben können, aus der sie manchmal nicht herausfinden. Wenn Kinder sich mit Selbstmordgedanken quälen oder in anderer Hinsicht aus dem Gleichgewicht geraten sind, stecken häufig erhebliche Ängste dahinter. Wie immer sie sich in einer krisenhaften Situation auch verhalten, die Angst ist ihr treuer Begleiter und Teil ihrer Konflikte und Spannungen.
Ein Beispiel: Wenn ein Kind vor den Eltern wegläuft, nachdem es etwas angestellt hat, so läuft es zunächst aus Angst vor der Strafe weg. Je kleiner es ist, umso früher wird es dann Angst vor der Trennung, vor dem Alleinsein und vielleicht vor aufkommender Dunkelheit bekommen. Später wird sicherlich noch die Angst vor Strafe

wegen seines Weglaufens hinzukommen. Auf jeden Fall erlebt das Kind die Ängste als zu sich selbst gehörig, auch wenn sie ihm nicht immer bewusst sind.

Versteckte Ursachen

Anders verhält es sich bei den nichtrealen Ängsten. Sie finden außerhalb der aktiven Erlebniswelt statt. Fast sieht es so aus, als wenn sie nichts mit den Alltagserfahrungen zu tun haben; manchmal stehen sie sogar im Widerspruch dazu. Die meisten Menschen, die sich wegen ihrer Angst in Behandlung begeben, leiden unter solchen Ängsten, die entweder keine oder keine für uns erkennbare Ursache haben. Wir sprechen bei solchen Ängsten von neurotischen Ängsten oder von Phobien. Am bekanntesten sind Platzphobien und Tierphobien. So können wir »Normalängstliche« kaum nachvollziehen, warum Menschen im mitteleuropäischen Raum sich vor Spinnen fürchten, obwohl es hier keine gefährlichen Spinnen gibt. Und doch wissen wir, dass manche Menschen und auch Kinder sich vor Spinnen so heftig fürchten, dass ihre Lebensqualität erheblich darunter leidet.

Sich einzugestehen, dass man Ängste hat, die man nicht allein bewältigen kann, ist ein außerordentlich schwieriger Schritt, der einer Unterstützung von außen bedarf.

Ängstliche Reaktionen und phobische Ängste

Zwischen ängstlichen Reaktionen und phobischen Ängsten muss klar unterschieden werden. Eine ängstliche Reaktion könnte z. B. auftreten, wenn ich versehentlich aus der Tasse meines Arbeitskollegen trinke, von dem ich weiß, dass er sich mit dem AIDS-Virus infiziert hat. Zwar weiß ich auch, dass das Virus nur von Blut zu Blut übertragen werden kann. Trotzdem werde ich vermutlich in großer Panik meinen Mund mit einem Desinfektionsmittel spülen, in der Hoffnung, das nicht vorhandene Virus damit wegzuschwemmen. Das heißt, ich reagiere ängstlich und wenig vernünftig auf eine real nicht vorhandene Gefahr.

Eine phobische Reaktion ist so etwas wie eine sich regelmäßig wiederholende ängstliche Reaktion, ohne dass die auslösende Gefahr sichtbar ist. Um bei dem Beispiel mit der Kaffeetasse zu bleiben, könnte eine phobische Reaktion so aussehen, dass ich beim Anblick einer Kaffeetasse panikartig den Raum verlasse oder heftige Schweißausbrüche bekomme.

Angst hat die Eigenschaft, sich immer mehr auszubreiten und weitere Bereiche in Beschlag zu nehmen. Ängstliche Reaktionen können sich verselbstständigen oder sich in Phobien äußern. Dabei spielt die ursprüngliche Quelle der Angst keine Rolle oder ist von außen nicht erkennbar.

Angst aus Erfahrung?

Der Angst auszuweichen bedeutet in den meisten Fällen, einen immer größeren Bogen schlagen zu müssen, denn mit dem Vermeiden von Ängsten werden sie nicht schwächer, sondern mächtiger.

Kinder neigen genauso wie wir Erwachsenen dazu, Angst auslösende Situationen zu vermeiden. Wenn aber Kinder bestimmte Erfahrungen vermeiden, so verlieren sie sozusagen die Übung im Umgang mit diesem Problem. Das führt dazu, dass alle anderen Situationen gemieden werden, die ähnlich wie die sind, in der das Kind Angst hat. Sie erinnern sich an die siebenjährige Anja, die immer an einem riesengroßen schwarzen Hund vorbeimusste? Ihre ängstliche Reaktion ist ja verständlich, weil sie als Vierjährige bereits von einem Hund gebissen wurde. Doch die Geschichte von Anja hat eine Fortsetzung.

Vermeiden hilft nicht

Ihre Mutter, die Anja (siehe Fallbeispiel Seite 24) sehr liebt, will ihr die Angst vor der Begegnung mit dem Hund ersparen, indem sie das Mädchen jeden Morgen mit dem Auto fährt. Ohne es zu wollen, macht die Mutter genau das Gleiche wie ihre Tochter. Nun vermeiden sie gemeinsam eine für sie bedrohliche Situation. Vielleicht erklärt ihr die Mutter, dass dieser Hund wohl eine Ausnahme ist. Anja versteht zwar, was ihr die Mutter sagen will. Da ihre Mutter sie aber jeden Tag mit dem Auto fährt, scheint sie wohl selber auch etwas Angst zu haben. Zumindest muss sie wohl Zweifel haben, ob nur dieser eine Hund so gefährlich ist.

Wie Sie sehen, sind Kinder mit dem Verstand kaum zu erreichen, wenn die Angst von ihnen Besitz ergriffen hat. Ihre Phantasien werden sie immer wieder einholen. Bevor sie überhaupt ausdrücken können, was ihnen zusätzlich Angst macht, erreicht sie die nächste Welle schauriger Einfälle.

Angst und ängstliche Zustände beruhen auf Erfahrungen von Angst auslösenden Erlebnissen und ihren manchmal falschen Erklärungen. Indem Kinder neue Erfahrungen unter kontrollierten Bedingungen machen, können sie prüfen, ob ihre Ängste begründet oder nur phantasiert sind.

Angst wird interpretiert

Ängstliche Reaktionen und phobische Ängste beruhen im Wesentlichen auf so genannten Interpretationen. Nicht die Ereignisse selbst sind bedrohlich, sondern wie die Kinder ihre Erlebnisse deuten oder interpretieren.

Und genau an der Stelle kommen wir der Angst sozusagen auf die Schliche. Wenn wir nämlich verstehen, was im Kopf eines Kindes vor sich geht, das sich vor allen Hunden fürchtet, können wir seine Befürchtungen überprüfen. Oder besser: Wir können gemeinsam mit dem Kind Erfahrungen machen, die zeigen, dass eine Situation entweder tatsächlich gefährlich oder aber harmlos ist. Und damit haben wir sozusagen den Schlüssel zum Glück gefunden. Sie wissen ja, dass Handeln Angst mindernd wirkt, aber nicht die Angst selbst beseitigt. Um sie zum Verschwinden zu bringen, brauchen Kinder Handlungsanweisungen, die die Blockaden in ihrem Kopf lösen.

Natürlich ist das alles viel komplizierter, und es sind zahlreiche Unterscheidungen zu treffen, die aber letztlich nur die Fachleute, also Psychologen, Kinderärzte und Wissenschaftler, angehen. Für unser Thema sollte es reichen, wenn wir uns merken, dass nahezu alle Formen von Ängsten mit unseren Erklärungen der Welt zusammenhängen. Verlernen können wir unsere Angst aber nur durch neue Erfahrungen, aus denen neue Erklärungen hervorgehen.

Ängste setzen sich relativ schnell fest und lassen sich nur langsam wieder lösen, denn Gefahren zu vermeiden ist eine wichtige Überlebensstrategie. Negative Erlebnisse brauchen viele Gegenbeispiele und gute Erklärungen, um ins Positive gewendet werden zu können.

Gesunde und kranke Angst

Angst und alle damit zusammenhängenden Gefühle sind unterschiedlich stark. Kinder können ein wenig Angst haben, heftige Panik oder schwerste Angstzustände bekommen. Eine Grenze zwischen »gesunder«, »normaler« Angst und Angst, die behandlungsbedürftig ist, ist nicht so einfach zu ziehen. Für uns selber können wir entscheiden, wie groß unsere Angst sein muss, damit wir uns psychologische oder ärztliche Hilfe holen. Bei Kindern sind wir Eltern gefordert, zum richtigen Zeitpunkt den Weg zu einer Beratungsstelle zu wählen. Ob ein Kind, das unter Angst leidet, in Behandlung gehört, ist eine elterliche Entscheidung, die Sie nach Ihrem Gefühl und Gewissen treffen. Da wir Angst nicht sehen können, ist das Maß der Angst darin zu suchen, wie stark ein Kind an seiner Entfaltung und Lebensfreude gehindert wird.

Ängste im Auge behalten

Anders ausgedrückt heißt das nichts anderes, als dass Sie Ihr Kind beobachten und befragen, wie stark es unter seiner Angst leidet. Doch möchte ich noch einmal hervorheben, dass die Angst zum Leben gehört und jede neue Entwicklung und Veränderung begleitet. Auch Phobien und ängstliche Reaktionen sind in diesem Sinne nicht von vornherein krankhaft. Nur sollten Sie wissen, dass Phobien hauptsächlich durch das Vermeidungsverhalten bestimmt werden. Das bedeutet, dass Menschen und Kinder, die z. B. Angst vor Aufzügen haben, regelmäßig die Treppen hochlaufen. Das wäre nicht weiter schlimm und würde zudem den Kreislauf fit halten. Doch leider hat die Angst die Tendenz, sich auf andere Lebensbereiche auszudehnen. Das kann dazu führen, dass manche Kinder alles Mögliche vermeiden und nur noch mit der Vermeidung von Situationen befasst sind, die ihnen Angst machen könnten. Dieses Konzentrieren auf Dinge, die es zu vermeiden gilt, nimmt Ihr Kind dann immer mehr in Beschlag.

Angstfrei durch Medikamente?

Wir leben in einer Zeit, in der das Äußere für das Wesentliche gehalten wird. Eine allgegenwärtige Reklame- und Heile-Welt-Philosophie treibt uns dazu an, immer gut auszusehen, keine Probleme zu haben, viel zu können und störungsfrei zu funktionieren. In vielen Bereichen und über begrenzte Zeit ist das sicher auch möglich. Doch wenn es Schwierigkeiten gibt, wenn wir mit unseren Gefühlen nicht im Einklang stehen oder wenn wir uns einsam oder überfordert fühlen, dann greifen wir zu zahllosen kleinen Hilfsmitteln. Der eine betrinkt sich am Wochenende, der andere treibt extremen Kraftsport, ein Dritter schaut sich endlos Videofilme an. Das und vieles mehr sind die kleinen Fluchten der Erwachsenen, mit denen sie manchmal ihre scheinbar heile Welt auszuhalten versuchen. Besonders im Fall von Alkoholmissbrauch hat das oft fatale Folgen.

Alkohol ist wohl der am meisten verbreitete und mithin auch der fatalste »kleine Helfer« bei Schwierigkeiten und Ängsten, die man nicht bewältigen zu können glaubt.

Gemeinsame Erlebnisse geben Sicherheit und stärken bei Kindern das Selbstbewusstsein.

Flucht in die Sucht

Eine der häufigsten Folgen des Raubbaus an der seelischen Gesundheit sind Süchte. Jedes menschliche Verhalten, das eine angenehme Alternative zu einem unerträglichen Zustand darstellt, kann zur Sucht werden. Um die ersehnte Entspannung zu finden oder zumindest vorübergehend ohne Angst zu sein, bedienen wir uns vieler Stoffe und Mittel. Neben Alkohol und zahlreichen Drogen finden so genannte Benzodiazepine, als Valium bekannt, große Verbreitung, um angstvolle Zustände zu ertragen. Manchmal verabreichen Eltern ihren Kindern in der guten Absicht, ihnen die Angst zu nehmen, solche Medikamente. Das Fatale an solchen Mitteln ist, dass sie tatsächlich helfen – zumindest vorübergehend. Kinder, die sonst kaum aus sich herauskommen, zeigen sich dann selbstbewusst und aktiv. Sobald die Wirkung des Medikamentes nachlässt, fallen sie jedoch in ihr altes Verhalten zurück, und so muss täglich »nachgeladen« werden. Doch die Wirkung nimmt mit der Zeit ab, da sich der Körper an das Mittel gewöhnt. Um die gleiche Wirkung zu erzielen, muss die Menge nach einer gewissen Zeit erhöht werden. Über einen längeren Zeitraum führt die regelmäßige Einnahme von Beruhigungsmitteln so zu einer Medikamentenabhängigkeit.

Zuerst sind es kleine Vermeidungsstrategien, schließlich schleift sich der Gebrauch, oder besser, der Missbrauch von Alkohol oder Tabletten zur Angstbewältigung ein. Wer in diesen Teufelskreis gerät, findet nur schwer wieder heraus.

In Ausnahmefällen empfehlenswert

In einer extremen Krisensituation spricht nichts dagegen, für eine begrenzte Zeit solche Medikamente zu nehmen. Dann haben diese Mittel auch einen hohen therapeutischen Wert. Manchmal sind beruhigende Medikamente der einzige Weg, um eine schwere Zeit, z. B. die Scheidung der Eltern, den Tod eines nahen Angehörigen, oder einen schweren Schock auszuhalten. Doch grundsätzlich gilt: Beruhigende Medikamente sind kein Mittel der Wahl, um Alltagsängste, ängstliche Reaktionen oder Phobien zu behandeln. Aus dem Traum der Angstfreiheit kann der Alptraum der Abhängigkeit werden.

Kombinierte Therapien

Bei Erlebnissen, die einen schweren Schock bei Ihrem Kind ausgelöst haben, kann es sein, dass Medikamente zum Einsatz kommen müssen. Wenn das angstbesetzte Thema über längere Zeit nicht angesprochen werden kann, ohne dass Ihr Kind in Tränen ausbricht und untröstlich scheint und mit der Zeit immer teilnahmsloser und apathischer wirkt, ist es Zeit, dass Sie professionelle Hilfe in Anspruch nehmen. Medikamente können helfen, dem Kind zu zeigen, dass die Angst nicht unbegrenzt über es herrscht. Doch die Medikamentenbehandlung kann nur ein begleitendes Mittel zur Bewältigung des Problems sein. Im Mittelpunkt stehen Spieltherapien oder Gesprächstherapien, an denen in manchen Fällen die ganze Familie teilnehmen sollte. Denken Sie daran, dass es um die Gesundheit Ihres Kindes geht, und lassen Sie sich von einem Gang zum Arzt oder Therapeuten nicht dadurch abhalten, dass Sie die Meinungen fürchten, die andere über Sie und Ihre Familie haben könnten.

Nur in schweren Krisen und Belastungssituationen sind Beruhigungsmittel – unter ärztlicher Verordnung und für einen begrenzten Zeitraum eingenommen – ein geeignetes Hilfsmittel für Kinder in seelischer Not.

Auch bei Anwendung von pflanzlichen Medikamenten sind grundsätzlich Vorsicht und eine genaue Einhaltung der ärztlichen Anweisungen geboten.

Wer sich traut, so hoch hinaufzuklettern, braucht eine große Portion Mut.

Die Angst besiegen

Eine Aufgabe für Eltern

Wir Eltern neigen manchmal dazu, den Fachleuten allzu schnell das Feld zu überlassen, wenn es um seelische Probleme geht. Dabei sind viele Ängste im Alltag entstanden – warum sollten sie nicht auch im Alltag gelöst werden? Inzwischen wissen Sie eine Menge über Angst und trauen sich vielleicht etwas mehr, innerhalb der Grenzen Ihrer Möglichkeiten Ihr Kind bei der Bewältigung seiner Ängste zu unterstützen.

Angst wieder verlernen

Wenn wir Angst als gelerntes Verhalten betrachten, so liegt es auf der Hand, nach einer Lernmethode zu suchen, mit der wir unsere Kinder die Angst wieder verlernen lassen können. Und tatsächlich gibt es so eine Methode. Wir sprechen von der so genannten systematischen Desensibilisierung. Das bedeutet nichts anderes, als dass wir schrittweise und nach einem bestimmten Plan die Angst immer mehr zurückschrauben. Gleichzeitig bieten wir den Kindern die Möglichkeit, sich ruhig und entspannt die Dinge anzuschauen, vor denen sie sich fürchten. Besonders bei Phobien hat sich dieses Verfahren als hilfreich erwiesen.

Wir Eltern haben die Kraft und die Erfahrung, unseren Kindern in angstvollen Situationen beizustehen und ihnen aus vermeintlichen Sackgassen herauszuhelfen.

Gegenkräfte mobilisieren

Wie Sie wissen, ist das Gegenteil von Angst mit Entspannung, Gelassenheit, Vertrauen und Ruhe ganz gut zu beschreiben. Auf dieser Überlegung beruht ein weiteres Verfahren, das wir bei der Bewältigung von Angst einsetzen können. Um es genau zu sagen: Es gibt

mehrere Verfahren, die alle das Ziel haben, innere Ruhe und Gelassenheit zu erreichen. Am bekanntesten sind das autogene Training sowie die Muskelentspannung nach Jacobson, die ebenfalls kurz vorgestellt werden.
Angst hat, wie immer wieder angedeutet wurde, etwas damit zu tun, wie wir unsere Erlebnisse bewerten. Indem Kinder ihre Gedanken neu ordnen, lernen sie, zwischen Ereignissen und Erklärungen zu unterscheiden. Wenn Kinder lernen, ihre eigenen Schlüsse zu ziehen, behalten sie die Übersicht und gewinnen etwas mehr Kontrolle über ihre Ängste.

Immer wiederkehrende gleich bleibende Handlungen wirken auf Kinder beruhigend und geben ihnen Sicherheit. Weit verbreitete Einschlafrituale wie singen oder eine Gutenachtgeschichte erzählen sind dafür ein Beispiel.

Rituale geben Halt

Rituale stellen vielleicht den Königsweg beim heilenden Umgang mit der Angst dar. Es ist schade, dass Rituale und Märchen in unserer von Computern und Virtualität geprägten Zeit so wenig Raum finden, obwohl sie eine elegante Möglichkeit sind, Angst zu verlernen. All die hier angesprochenen Verfahren sind verhältnismäßig leicht zu beherrschen und anzuwenden. Natürlich kann ein Ratgeber von diesem Umfang nicht auf die Besonderheiten der einzelnen Methoden eingehen. Auch fehlt der Raum, um auf die vielen anderen Möglichkeiten einzugehen, die Kindern zu mehr Ruhe und Gelassenheit verhelfen. Wenn Ihnen eine der vorgestellten Methoden besonders zusagt, erwerben Sie sich das notwendige Wissen über weitere Sachbücher und Ratgeber, oder besuchen Sie einen Kurs, etwa an der Volkshochschule.

Systematische Desensibilisierung

Sie erinnern sich an Jans Erlebnis in der Autowaschanlage? Offensichtlich hat er einen nachhaltigen Schrecken bekommen, als sein Vater, das starke Vorbild, so kläglich in dem zischenden Schacht der Waschanlage verschwand. Das führte dazu, dass Jan in der Folgezeit auf alles, was mit bewegtem Wasser zu tun hatte, also Gartenschlauch, Springbrunnen, Dusche usw., phobisch reagierte. Wie Sie wissen, haben viele Ängste die unerfreuliche Nebenwirkung, dass sie sich auf viele Lebensbereiche ausdehnen können.

Angst mindernde Erlebnisse

Sein Vater konnte Jan mit Hilfe der systematischen Desensibilisierung innerhalb weniger Wochen von seiner Wasserphobie befreien. Jan hatte nämlich das Glück, dass sein Vater aus beruflichen Gründen mit der Verhaltenstherapie vertraut ist. Ohne mit seinem Sohn über das Problem zu sprechen, verband er gelegentliche gemeinsame Unternehmungen mit Angst mindernden Wasserspielen.

Empfindlichkeiten auf angstbesetzte Situationen zu beseitigen oder Angstgefühle abzubauen ist eine Sache, die viel Geduld, Fingerspitzengefühl und gegenseitiges Vertrauen verlangt. Ein langsames Vorgehen in kleinen Schritten sichert einen dauerhaften Erfolg.

Kleine Annäherungen

So reagierte der Vater von Jan (siehe Seite 45) auf die Ängste seines Sohnes: Es begann damit, dass Jans Vater gemeinsam mit seinem Sohn eine Blume einpflanzte, die natürlich etwas Wasser braucht. Bei den ersten Versuchen machte es der Vater vor, bis der Sohn von sich aus fragte, ob er auch gießen dürfe. Ohne Eile – das Programm zog sich über Wochen – wurden die Kontakte mit dem Angstauslöser immer mehr intensiviert. Einmal begab sich der Vater mit dem Sohn in die Badewanne, um Quietschentchen und später Modellautos abzubrausen, ein anderes Mal fuhren sie in einen Freizeitpark, um sich ein Wasserspiel anzusehen, usw. Schließlich ging es zur »Reifeprüfung«: Nachdem mehrere Autowaschanlagen von außen genügend lange beobachtet wurden und ihre »Gefährlichkeit« diskutiert wurde, äußerte Jan den Wunsch, mit Papa durch so einen Schacht zu fahren. Es wurde ein großartiges Erlebnis, das mit einem riesigen Eis – für beide – belohnt wurde. Seit diesem Tag ist Jan wieder die Wasserratte, wie er sie vor dem erschreckenden Erlebnis war. Das Beispiel zeigt, dass die Verhaltenstherapie bei liebevoller Anwendung durchaus dazu beitragen kann, dass Kinder bestimmte Ängste verlernen.

Die Angsthierarchie

Auf diese Weise lassen sich viele einfache Ängste schrittweise abbauen. Hierzu ist es hilfreich, wenn Sie sich eine so genannte Angsthierarchie aufstellen. Darunter verstehen die Fachleute eine Liste, auf der oben die kleinste Angst steht und unten die größte. Indem Sie sich immer dann der nächsten Stufe annähern, wenn eine bewältigt wurde, verliert das Kind schrittweise seine Angst.
Angenommen, Sie hätten eine Tochter, die Angst vor Spinnen hat, dann könnte ihre Angsthierarchie folgendermaßen aussehen.
Die Angsthierarchie bzw. die Desensibilisierung macht sich die Tatsache zunutze, dass Ängste ein gelerntes Vermeidungsverhalten sind, das sich aber durch »Gegenlernen« wieder abbauen lässt. Erfährt das Kind also, dass bestimmte Formen von Wasser nicht gefährlich sind, überträgt es dieses Wissen mit jeder positiven Erfahrung immer weiter, bis es zur Angstfreiheit gelangt ist. Diese Lerneffekte können Sie mit dem behutsamen und wohl dosierten Einsatz der Angsthierarchie erzielen.

Ängste lassen sich mit einer systematischen Annäherung an das Objekt der Angst stufenweise abbauen. Ein langsames, freiwilliges Annähern ist dafür Voraussetzung.

Spinnen rufen oft unbewusste Ängste hervor. Durch methodisches Vorgehen ist diese Angst zu bewältigen.

Angsthierarchie

1. Bilder von Spinnen ansehen, während die Mutter oder der Vater beruhigend etwas über Lebensweise und Ungefährlichkeit erzählt.
2. Bei einem Zoobesuch Spinnen aus großer Entfernung beiläufig betrachten, dabei ruhige Unterhaltung.
3. Sich eine Spinne in freier Natur ansehen, wie sie einen Baum hochkrabbelt.
4. Eine Spinne im Haus betrachten, wie sie an der Wand entlangläuft.
5. Den Abstand zur Spinne bei verschiedenen Gelegenheiten immer mehr verkleinern.
6. Eine Spinne aus unmittelbarer Nähe betrachten.
7. In mehreren Stufen eine Spinne über einen Schuh, über das Hosenbein, über das Kleid usw. laufen lassen.
8. Die Spinne in mehreren Stufen über ein Bein, einen Arm und über eine Hand laufen lassen.
9. Eine Spinne auf das Bein gesetzt bekommen, das Tier spüren und entdecken.
10. Erleben, wie eine Spinne auf den bloßen Arm oder, für ganz Mutige, auf den Kopf herniederfällt.

Auch wenn Ihr Kind »nur« bis Stufe 6 oder 7 der Angsthierarchie kommt, ist das ein Erfolg. Es muss ja nicht zum »Spinnenliebhaber« werden, sondern sollte nur dauerhaft seine Angst verlieren.

Wichtig als Voraussetzung für dieses Programm ist, dass Ihr Kind gemeinsam mit Ihnen an seiner Angst auch wirklich arbeiten will. Erklären Sie ihm, dass es jetzt der Wächter über seine Angst ist. Damit gewinnt es ein Stückchen Kontrolle zurück. Denn Angst ist für ein Kind ein unkontrollierbares Gefühl. Allein durch diese kleine Veränderung kann es die entlastende Erfahrung machen, dass Angst veränderbar ist – eine wichtige Voraussetzung, damit das Kind sie verliert. Andererseits braucht es die Sicherheit und Gewissheit, dass es jederzeit und bedingungslos auf jeder Stufe das Training abbrechen darf. Zwang ist für ein solches Programm kontraproduktiv.

Das Kind setzt die Grenzen

Lassen Sie sich und Ihrem Kind Zeit; es gibt keinen Grund zur Eile. In extremen Angstsituationen werden Sie ohnehin fachliche Hilfe in Anspruch nehmen. Das Training kann sich ohne weiteres über mehrere Wochen verteilen. Dadurch gelingt es ihm, seine ersten kleinen Erfolge in den Alltag einzubauen. Hilfreich ist, wenn Sie die persönliche Angsthierarchie Ihres Kindes in eine nette Geschichte einbauen. Achten Sie darauf, die Geschichten so aufzubauen, dass die beängstigende Seite immer mit beruhigenden Anteilen gemischt wird. Wenn Sie das autogene Training, das als Nächstes vorgestellt wird, etwas kennen, bauen Sie Elemente ein, die zur Entspannung beitragen. Einfache Sätze wie »Die Spinne Olga ist ein freundliches Wesen« oder »In ihrem Netz fühlt sich die Spinne in Sicherheit« unterstützen positive Phantasien des Kindes. Verändern Sie die Geschichte allmählich von der Stufe der kleinsten Angst zu höheren Stufen. Erst dann beginnen Sie mit den praktischen Übungen.
Überschreiten Sie niemals die persönliche Belastungsgrenze Ihres Kindes. Sie bestimmen über die Form, aber das Kind entscheidet, wo seine Grenze ist. Deshalb sollten Sie niemals und in keiner Form Druck ausüben. Nur dann wird es bereit sein, eine weitere Stufe zu erklimmen.

Bei Unsicherheiten wird Ihr Kind den Rückzug antreten, und Sie müssen gemeinsam eine oder mehrere Stufen weiter vorn erneut ansetzen. Doch diese Möglichkeit des Rückwegs ist unbedingt notwendig für den Erfolg. Akzeptieren Sie das, und verlieren Sie bitte nicht die Geduld.

Behutsames Vorgehen

All das erfordert von Ihnen ein hohes Maß an Verantwortung. Vielleicht tun Sie sich mit einem befreundeten Paar oder einer Mutter zusammen und stellen gemeinsam mit den Kindern einen behutsamen Zeitplan auf. Richten Sie sich nach Ihrem Gefühl. Wenn Sie spüren, dass Sie zu weit gegangen oder zu schnell vorgegangen sind, gehen Sie ruhig eine oder zwei Stufen zurück, bis das Kind von sich aus wünscht weiterzugehen. Und erklären Sie immer, was und warum Sie etwas so oder so machen. Das Ziel ist, dass das Kind schrittweise die Verantwortung und die Kontrolle über seine Angst bekommt. Wenn Sie mit dem Kind etwas machen, was es nicht versteht oder nicht wirklich will, hilft es ihm nicht. Im ungünstigen Fall kann es sich zusätzlich davor fürchten, dass es überfordert wird.

Autogenes Training

Die ersten Gegenmaßnahmen bei Angst sind Entspannung und Beruhigung. Mit einfachen Mitteln und zumindest am Anfang mit Unterstützung der Eltern können diese Zustände bei Kindern herbeigeführt werden.

Die Behandlung schwerster und neurotischer Angstzustände ist ein Gebiet, das wir Psychologen und speziell ausgebildeten Kinderärzten überlassen sollten. Solche schweren Angstzustände finden wir als Folge einer tief greifenden seelischen Verletzung, wie sie durch eine Katastrophe, durch einen sexuellen Missbrauch oder durch ein anderes schlimmes Trauma hervorgerufen werden. In diesem Buch ist aber hauptsächlich von Alltagsängsten die Rede, die normalerweise keine therapeutische Behandlung erfordern. Das autogene Training ist eine bewährte Entspannungstechnik, die zur Bewältigung von Alltagsängsten beitragen kann.

Beim Malen kann das Kind entspannen und loslassen. Die Ruhe hilft, Ängste zu überwinden.

Ein autosuggestives Verfahren

Die Methode des autogenen Trainings beruht darauf, dass wir innerlich – sozusagen durch Selbsthypnose – ruhig werden, unseren Körper ganz tief entspannen und uns warm und schwer fühlen. Mit Hilfe von einfachen formelhaften Sätzen gelingt es, zu einer tief entspannten Ruhe zu kommen. Ein Nachteil des autogenen Trainings besteht darin, dass einige Wochen erforderlich sind, bis Ihr Kind mit den Grundübungen zurechtkommt. Um zu innerer Ausgeglichenheit zu kommen und sich zu einer ruhigen und entspannten Persönlichkeit zu entwickeln, ist das Verfahren durchaus zu empfehlen. Was die Arbeit mit Kindern betrifft, ist einschränkend anzumerken, dass die Übungen erst ab dem Alter von etwa sechs Jahren erlernt werden können.

Schon bei Vorschulkindern lässt sich das autogene Training bzw. eine leicht abgewandelte Form des autogenen Tainings, die stärker mit Erlebnisgeschichten arbeitet, anwenden. Gemeinsam mit den Figuren der Geschichte erfährt das Kind Ruhe und Entspannung.

Gedanken, die gesund machen

Vielleicht kennen Sie den Ausspruch von Epiktet, der im 1. Jahrhundert v. Chr. lebte: »Nicht die Dinge selbst beunruhigen uns, sondern die Meinungen, die wir über die Dinge haben.«
Besonders Kinder im magischen Alter von etwa drei bis sechs Jahren sind ausgesprochen beeinflussbar und haben ein tiefes Vertrauen zu ihren Eltern. Dieses tiefe Vertrauen ist sogar durch schwere seelische Verletzungen kaum zu erschüttern.

Die Macht der Worte

Im Kapitel über kindliche Ängste wurde die Macht der Worte bereits angesprochen. Wenn wir gegenüber dem Kind statt von einer Spritze von einem kleinen Piks sprechen, so ist das nicht gelogen. Je nachdem, wie wir den Kindern die Welt erklären, werden sie unterschiedliche Gefühle haben. Nehmen wir z. B. die Erfahrung der siebenjährigen Anja, die sich vor dem schwarzen Hund fürchtet. Die Mutter hat

Halten Sie sich immer vor Augen, dass Sie für Ihr Kind eine Vorbildfunktion haben. Das gilt auch für den Bereich der Ängste. Versuchen Sie, gegen Ihre eigenen Ängste anzugehen, und zeigen Sie so Ihrem Kind, dass Ängste kein Schicksal sind, das man passiv erleiden muss.

zwei Möglichkeiten, ihrem Kind die Situation zu erklären. Je nachdem, wie sie sich entscheidet, hat das Auswirkungen auf das Verhalten ihrer Tochter. Sie könnte ihrer Tochter etwa sagen: »Liebe Anja, dieser Hund ist angekettet, weil er besonders gefährlich ist. Wie der an seiner Kette zieht, will er sich bestimmt losreißen und dich beißen. Andere Hunde sind genauso gefährlich; viele sind unberechenbar und sind nur etwas besser erzogen. Aber Tiere sind nun mal so, und deshalb musst du dich vor ihnen in Acht nehmen.«

Vorweggenommene Erfahrung

Anjas Mutter meint es bestimmt gut mit ihrer Tochter und möchte ihr Kind vor Gefahren schützen. Aber indem sie dem Kind erklärt, dass wahrscheinlich alle Hunde gefährlich sind, nimmt sie dem Kind die Möglichkeit, selbst herauszufinden, ob das wirklich stimmt. Es geht nicht darum, dass Anja ausprobieren sollte, ob dieser oder jener Hund beißt. Sie kann ja auch den Besitzer fragen, ob sein Hund gefährlich ist. Eine Mutter, die ihrem Kind erklärt, dass alle Hunde beißen, hat möglicherweise selbst eine tiefe Angst vor Hunden. Genau das ist damit gemeint, wenn wir davon sprechen, dass wir Angst von unseren Eltern lernen.

Um der Mutter nicht Unrecht zu tun, sollten wir aber ergänzen, dass Sicherheit ebenfalls gelernt wird. Denn die Mutter könnte ihrem Kind die Geschichte mit dem Hund auch ganz anders erklären. So könnte sie etwa sagen:

»Liebe Anja, weil der Hund angekettet ist und wenig Bewegung hat, fühlt er sich eingeengt und schlecht behandelt. Das macht ihn aggressiv und unberechenbar. Deshalb möchte ich dir raten, dass du diesem Hund aus dem Wege gehst. Die meisten Hunde jedoch sind friedfertig, weil sie seit Urzeiten im Rudel leben und die Menschen als ranghöhere Wesen ansehen. Du solltest aber wissen, dass es auch andere gefährliche Hunde gibt. Vor allen Dingen musst du darauf achten, dass du einen Hund niemals erschreckst. Denn Hunde beißen manchmal, wenn sie sich erschrecken.«

Raum für Selbstbestimmung

Während die erste Erklärung das Kind sozusagen auf der Angstschiene erreicht, bleibt die zweite Erklärung auf der Realitätsebene. Bei der ersten Erklärung bekommt Anja von der Mutter die Bewertung gleich mitgeliefert, bei der zweiten kann das Kind selbst einschätzen lernen, ob es sich einem Hund nähern will oder ihm besser aus dem Weg geht. Denn nicht alle Hunde sind gefährlich, sondern nur einige.

Dadurch, dass wir dem Kind verschiedene Möglichkeiten anbieten, wie es sich die Dinge erklären kann, fördern wir einerseits seine Selbstständigkeit, andererseits seine Kreativität und seinen Erfindungsgeist.

Wie Sie wissen, kommt »Angst« sprachlich gesehen von »Enge«. Wenn ein Kind sich beengt fühlt und keinen Ausweg aus einer schwierigen Lage weiß, fördert das seine Angst. Wenn es aber eine Idee hat, wie es sich aus seiner misslichen Lage befreien kann, also im biologischen Sinne einen Fluchtweg sieht, weiß es sich aus der Lage zu befreien. Ob es sich diesen Fluchtweg nur gedanklich offen hält oder ihm tatsächlich nutzt, ist unerheblich. Allein das Wissen darüber, dass es diesen oder jenen Weg frei hat, sich die Dinge zu erklären, trägt dazu bei, dass es weniger Angst hat.

Wir sollten uns bei Ereignissen, die ein Kind ängstigen, vor allzu schnellen Bewertungen hüten. Hilfreicher, als eine Erklärung mitzuliefern, kann es sein, wenn wir dem Kind verschiedene Aspekte aufzeigen, wie die Dinge zusammenhängen.

Rituale

Rituale sind eine hervorragende Möglichkeit, Angst zu vermindern und den Alltag besser zu bewältigen. Sie geben den Kindern das Gefühl, dass die Welt im Grunde in Ordnung ist, auch wenn in ihr zahlreiche Bedrohungen lauern. Gerade die Gutenachtrituale vermitteln Ruhepole in einer schnelllebigen Zeit. Indem sich ein bestimmter Ablauf jeden Abend wiederholt, erfahren Kinder die Sicherheit, dass sich hinter allen Abläufen ein großes und sich zuverlässig wiederholendes Prinzip verbirgt.

Abschiedsrituale

Eltern sind für ihre Kinder glaubhafter, wenn sie auch ab und zu ihre Schwächen und kleinen Verrücktheiten zeigen. Kein Mensch kann immer nur rational und vorbildhaft handeln, jeder hat Schwächen, und wenn er zeigt, dass er sie kennt und gut mit ihnen leben kann, hat das eine wichtige Wirkung auf die Kinder.

Nachfolgend finden Sie zwei Rituale, die Sie beliebig variieren und ergänzen können. Geschriebene Worte können nur Anregungen für Ihre und die Phantasie Ihrer Kinder sein. Probieren Sie es aus; vielleicht finden Sie genau das Ritual, das zu Ihrem Alltag passt.
Um die Monster im Schlafzimmer Ihres Kindes zu vertreiben, mischen Sie sich ein geheimnisvolles »Monsterspray«: Füllen Sie eine Blumensprühflasche mit Wasser und einem Spritzer Parfüm. Nachdem Sie Ihrem Kind (im Vorschulalter) erklärt haben, dass Monster sich vor Düften fürchten, besprühen Sie unter beschwörenden Formeln ein paar Abende die Tür Ihres Kinderzimmers mit dem »Monsterspray«. Kinder im »Monsteralter« sind ausgesprochen beeinflussbar und haben im Allgemeinen tiefes Vertrauen zu den »magischen Fähigkeiten« ihrer Eltern. In vielen Fällen helfen solche harmlosen Zubettgehrituale, die Angst vor dem Einschlafen und sogar hartnäckige Alpträume zu beseitigen.

Harmonische und angstfreie Gemeinsamkeit – ein glückliches Familienleben, wie es sich jeder wünscht, ist kein Traum, der unverwirklichbar ist.

Trennungszeremonien

Manchmal fällt es Kindern schwer, sich von lieb gewonnenen Einschlafhilfen zu trennen. Der Abschied vom Schnuller ist manchmal ein lästiges Thema, das ich mit meinem Sohn durch folgendes amüsante Ritual beenden konnte.
Nachdem wir uns darüber einig geworden waren, dass er eigentlich keinen Schnuller mehr braucht, habe ich mit meinem zweijährigen Sohn einen rituellen Abschied von seinem Nuckel gefeiert. Zu einer vorher bestimmten Zeit versammelten wir uns an der Mülltonne vor dem Haus und probten die Abschiedsszene. Noch mit dem Schnuller im Mund sprach er mir Satz für Satz Folgendes nach: »Lieber Schnuller, es war eine schöne Zeit mit dir. Du warst mir in vielen Nächten ein treuer Freund. Du hast mich niemals allein gelassen. Sogar im Urlaub bist du mitgekommen. Als ich dich einmal verloren hatte, hast du mir so gefehlt. Leider musst du nun fortgehen und dir ein anderes Kind suchen. Ich wünsche dir alles Gute und viel Glück.« Mit dem letzten Satz verschwand der Schnuller in der Mülltonne. Dann wurde meinem Sohn – wie versprochen – das rote Auto mit dem Blaulicht überreicht. Er hat nie wieder nach einem Schnuller verlangt.

Aufwendig gestaltete Zeremonien machen es leichter, neue Tatsachen zu akzeptieren. Die kirchlichen Abschieds- und Aufnahmeriten sind ein gutes Beispiel dafür, wie Inhalte besser transportiert werden können. Dasselbe gilt auch für Veränderungen in kleineren Gruppen, etwa in einer Familie.

Gemeinsame Erlebnisse

In den Ritualen begegnen sich Eltern und Kinder spielerisch handelnd, wodurch sie sich gegenseitig ihrer Beziehung vergewissern. Wenn wir gemeinsame Erfahrungen machen, begreifen wir mehr vom Leben unserer Kinder, als wir mit sprachlichen Mitteln in Erfahrung bringen könnten. Kinder fürchten sich ja oft vor Monstern, Hexen und Gespenstern als Abbilder ihrer Sorgen. Sie stehen sozusagen stellvertretend für ihre Befürchtungen und Konflikte. Insofern hat es wenig Sinn, sich z. B. mit ihnen auf die Suche nach Hexen und Geistern zu begeben, um ihnen klarzumachen, dass diese Gestalten nur in der Phantasie vorkommen. Solange wir uns mit unserem Kind »vernünftig« auseinander setzen wollen, reden wir in zwei Sprachen. Erst die Rituale schaffen eine Verbindung zwischen erwachsener Vernunft und kindlichen Phantasien. In gemeinsamen Ritualen sind viele Sinne angesprochen.

- Rituale vermitteln das Gefühl von Sicherheit und Wiederkehr.
- Handeln ist besser als Verkrampfen, gemeinsames Handeln fördert das seelische Band zwischen Eltern und Kindern.
- Rituale finden direkten Zugang zu tieferen Erlebnisebenen; sprachlose Angst kann unter Umgehung der Sprache bewältigt werden.
- Im Ritual erleben Kinder und Eltern sich vollständig und bringen sich mit ihrem Körper als Ganzes ein.
- Nicht zuletzt sind Rituale ein unerschöpflicher Spielplatz gemeinschaftlich erlebter kindlicher und erwachsener Kreativität. Hier dürfen Eltern auch mal verrückt sein, ohne für verrückt gehalten zu werden.

Die nonverbale Verständigung zwischen Eltern und Kindern ist vor allem bei kleineren Kindern eine wichtige Kommunikationsbrücke. Gesten, Haltungen, Gesichtszüge sagen oft mehr als viele Worte und werden vom Kind sofort interpretiert.

Probleme offen angehen

Meist lässt sich ein Problem viel besser lösen, wenn man nicht »um den heißen Brei herumredet«, sondern die Vorbehalte und Ängste direkt anspricht. Auch hierbei wie in vielen anderen Bereichen ist die Vorbildfunktion der Eltern für die Kinder entscheidend. Vermeidungshaltungen und eine »Augen-zu-und-durch«-Taktik sind sicher der schlechtere Weg.

Doch Gespräche über die Angst sind manchmal nicht genug. Gerade für Kinder in der magischen Phase, also im Vorschulalter bis ins erste Schuljahr hinein, sind manche Ängste sprachlich oft nicht formulierbar und bleiben so ungreifbar. Hier helfen nonverbale Signale, gemeinsame Spiele, Rituale und das besondere Vertrauensverhältnis, wie es zwischen Eltern und Kindern besteht. Sie als Eltern erkennen auch, wenn ein Zuviel an Angst Ihr Kind zu überwältigen droht. Zögern Sie dann nicht, entschiedene Schritte zu unternehmen.

Über den Autor

Paul Suer ist Soziologe, Publizist, Pädagoge und integrativer Sozialtherapeut. Er hat langjährige berufliche Erfahrungen in Kinderheimen und in der Psychiatrie.

Hinweis

Das vorliegende Buch ist sorgfältig erarbeitet worden. Dennoch erfolgen alle Angaben ohne Gewähr. Weder der Autor noch der Verlag können für eventuelle Nachteile oder Schäden, die aus den im Buch gemachten praktischen Hinweisen resultieren, eine Haftung übernehmen.

Literatur

Friedrich, Sabine / Friebel, Volker: Trau dich doch! Wie Kinder Schüchternheit und Angst überwinden. Rowohlt. Reinbek b. Hamburg, 1996
Friese, Hans-Jürgen / Friese, Antje: Manchmal habe ich solche Angst, Mama. Herder. Freiburg im Breisgau, 1997
Rogge, Jan-Uwe: Kinder haben Ängste. Von starken Gefühlen und schwachen Momenten. Rowohlt. Reinbek b. Hamburg, 1997
Kaufmann-Huber, Gertrud: Kinder brauchen Rituale. Herder. Freiburg im Breisgau. 1995
Neumann, Udo: Autogenes Training für Kinder. Südwest Verlag. München, 1995
Suer, Paul: So schlafen alle Kinder besser ein. Südwest Verlag. München, 1998

Bildnachweis

Bilderberg, Hamburg: U2 (Klaus Bossemeyer), 12 (Milan Horacek), 21 (Dorothea Schmid), 33 (Nomi Baumgartl), 36 (Nonstock), 62 (Jerzy Modrak), 69 (Nomi Baumgartl), 82 (Wolfgang Kunz); New Eyes, Hamburg: 26 (U. Niehoff), 49 (Happy Pictures), 61 (F. P. Wartenberg), 67 (Retna Acheson), 81 (G. Ramm), 92 (IDS/Le Studio); Claudia Rehm, Stockdorf: 74; Tony Stone, München: Titel (Lori Adamski Peek), U4 (Philip & Karen Smith), 5 (Chris Thomaidis), 6 (Kevin Horan), 9, 65 (Andy Sacks), 15 (Camille Tokerud), 18 (Bob Schatz), 25 (Laurence Monneret), 43 (Zigy Kaluzny), 48 (Wayne Eastep), 53 (Tim Brown), 59 (Pascal Crapet), 73 (Paul Edmondson), 79 (Howard Grey), 85 (Christoph Burki), 88 (Mitch York)

Impressum

Redaktion:
Martin Stiefenhofer

Projektleitung:
Karin Stuhldreier

Redaktionsleitung:
Nina Andres

Produktion:
Manfred Metzger

Umschlag:
Till Eiden

DTP/Satz:
MAC 2, Anger/Luttmann, München

Printed in Germany

Gedruckt auf chlor- und säurearmem Papier

ISBN 3-517-07694-5

Register